청크 영어회화

청크 영어회화 비즈니스편

지은이 오영일
펴낸이 임상진
펴낸곳 (주)넥서스

초판 1쇄 인쇄 2014년 8월 30일
초판 1쇄 발행 2014년 9월 15일

2판 1쇄 발행 2021년 1월 20일
2판 2쇄 발행 2021년 1월 25일

출판신고 1992년 4월 3일 제311-2002-2호
주소 10880 경기도 파주시 지목로 5
전화 (02)330-5500 팩스 (02)330-5555

ISBN 979-11-91209-05-1 13740

www.nexusbook.com

※본 책은《영어회화 마스터 1000+》의 개정판입니다.

3초 만에 문장을 만드는 신박한 영어 학습법

청크 영어회화

Hi

오영일 지음

haha

비즈니스편

넥서스

책 한 권 구매했을 뿐인데 과외 선생님이 생겼어요! 마치 1:1 과외를 받는 기분이에요.
내용도 어렵지 않고 덩어리째 공부하니까 문장 만들기도 너무 쉬워요! 부가자료도 풍성해서
참 좋아요.
                                                                            유문경 _호텔리어

단어? 염려하지 마세요. 중심부 하나를 외웠을 뿐인데, 단어 여러 개가 외워져 있는 일거양득
이상의 효과를 볼 수 있으니까요. 문법? 고민하지 마세요. 문법만 달달 외워 공부하는 시대가
아닌 청크의 시대니까요.
                                                                            김선혜 _디자이너

패턴 책들은 영어 문장의 앞부분만 잡아 줘서 응용력이 부족했는데, 이 책은 앞부분은 물론 중
심부랑 끝부분까지 확실하게 잡아 줘서 더 쉽고 빠르게 배울 수 있어서 좋아요. 덩어리째로 공
부하니까 머리 아프게 문법에 신경 안 써서 너~무 편하고, 틀릴 걱정 없이 문장을 길게 늘릴
수 있어서 실력도 쭉쭉 느는 느낌이에요^^
                                                                            박유림 _대학생

인터넷 강의, 모바일 강의 등등 이것저것 다 해 봤지만 항상 실패…… ㅜㅜ
하지만 이렇게 집중이 잘 되기는 처음이에요. 영어로 말을 하는 책 〈청크 영어회화〉!! 황금 같은
출퇴근 시간, 이제 이 책에 올인하렵니다.
                                                                            이병훈 _직장인

직장인들은 영어공부를 시간 내서 하기가 참 힘들어요. 출퇴근길에 잠깐 들어도 기억에 오래
남고, 바로 사용할 수 있는 게 최고죠. 이 책은 매번 포기하게 만드는 영어의 한계를 깨뜨릴 것
같아요. 하루에 청크 10개만 익히면 50개 문장으로 자연스럽게 응용도 되고 제가 하고 싶은 말
도 쉽게 만들 수 있어요. 피부로 와닿는 효과가 이런게 아닐까요?
                                                                            이시현 _직장인

우선 일상에서 누구나 꼭 쓰는 문장들이기 때문에 가깝게 다가와 흡수되는 느낌이었고 당장 외국인에게 써 보고 싶은 맘이 들어서 공부하고 싶게 만들어 주는 책이에요. 쉬운 덩어리들이 뭉치면 대화가 될 수 있다는 게 너무 신기하고 기분 좋네요!!

임현영 _대학생

이 책의 가장 큰 장점은. 영문법에 대해서 아예 모르는 사람들도 퍼즐 맞추듯 청크 덩어리를 갖다 붙이기만 하면 길고 다양한 영문장들을 단 몇 초만에 아주 쉽고 빠르게 만들 수 있다라는 점인 것 같습니다. 시작부/중심부/꾸밈부 등을 계속해서 바꿔 가면서 내가 말하고 싶은 말들을 다양한 방식으로 말할 수 있다는 점 또한 굉장히 좋았습니다.

유수종 _대학생

영어공부 방법이 스마트하게 바뀐 것 같아요. 기존에는 문법에 목숨 걸고 책에 있는 문장 외우기에 급급했었는데, 시작부와 중심부 그리고 꾸밈부로 연결 포인트를 잡아줘서 직접 응용하면서 학습하고 암기할 수 있다니! 하루에 10개 표현만 공부하면 한 달에 1,000문장을 말할 수 있게 된다니 기적 같습니다.

조윤상 _대학생

청크(덩어리)로 나눠서 외우니깐 머릿속에 더 쏙쏙 들어와요. 몇 년 동안 단어만 죽어라 외웠을 때는 아무리 많이 외워도 문장 하나 제 스스로 만들기 힘들었는데, 청크로 공부한 후에는 긴 문장도 술술 말할 수 있게 됐어요~

김혜연 _직장인

고등학교 이후론 영어와 담 쌓고 살았던 제가(!) 말하고 싶은 문장을 직접 만들 수가 있다는 게 정말 신기했어요. 마지막 하나까지 놓치지 않게 복습 문제부터 다양한 버전의 MP3까지 꽉꽉 채워져 있어 대만족! 책 한 권에 복습용 학습자료도 7가지나 무료로 다운받을 수 있다니 서비스도 끝내주네요. 저 같은 왕초보에게는 딱이에요.

김민정 _공무원

머리말

안녕하세요.
저자 오영일입니다.

영어, 어떻게 하면 정말 잘할 수 있을까?
영어를 배우는 모든 학습자들의 고민입니다.

현재 전 세계 100여 개의 국가에서 영어를 공식 언어로 사용하고 있습니다. 그런 의미에서 본다면 영어는 참 쉬운 언어입니다. 하지만 여전히 우리에겐 참 어렵습니다. 그리고 흥미롭지도 않습니다.

그 이유는 바로 접근 방법과 콘텐츠의 문제 때문입니다.
그래서 이 책은 어느 누가 보더라도 쉽게 문장을 만들고 말할 수 있도록 구성하였습니다.

단어는 단어 자체 하나만으로는 문장이 될 수 없습니다. 또 다른 단어와 연결해야만 하나의 문장이 되기 때문입니다. 문장 또한 본래 그대로만 사용할 수 있어 응용이 불가능합니다.

이러한 단어와 문장의 아쉬운 점을 보완하여, 최적화된 콘텐츠가 바로 "청크"입니다. 청크학습법은 묶어서 기억하는 덩어리를 활용해서 문장 응용 능력을 최대로 높여주는 신개념 학습법입니다. 청크의 가장 큰 장점은 남이 써놓은 문장이 아닌, 내가 하고 싶은 말을 직접 만들 수 있다는 것입니다. 문법을 몰라도 관사나 전치사들이 자연스럽게 연결이 됩니다.

영어는 언어이기에 짧은 시간 안에 모든 걸 외울 수 없습니다.
이제부터는 문장 응용 능력을 키워 보세요.

그러기 위해선 단순히 앞 부분만 잡아 주는 패턴이 아닌, 모든 문장을 쉽게 만들
수 있어야 하겠죠?

알아듣지도 못하는 숙어, 전명구, 부사절 이런 거 다 제쳐두고 이제부터는 단 세 가
지(시작/중심/꾸밈) 파트로 영어 문장을 정말 쉽게 만들어 보세요.

실제로 저는 5년 동안 청크를 끊임없이 연구하여 최초로 영어말하기 청크 게임 '뭉
치뭉치'를 만들게 되었습니다. 그리고 모두가 불가능하다고 생각했던 고스톱과 영
어를 결합시킨 '잉글리쉬 고스톱'을 개발하여 2년 연속 KOCCA(한국콘텐츠진흥원)
에서 콘텐츠상을 받기도 하였습니다. 현재는 YBM에서 "오영일의 청크영어"
강의로 사람들을 만나고 있습니다.

이 책을 통해 영어 학습에 있어서 접근 방법과 콘텐츠가 얼마나 중요한지 알게 될
것입니다. 많은 사람들이 청크영어로 영어문장을 쉽게 만들 수 있기를 바랍니다.

저자 **오영일**

초급 단계의 학습자들은 문장 패턴을 암기하거나 문장 자체를 통암기하는 방식으로 영어회화를 공부합니다. 하지만 네이티브들이 자주 쓰는 표현이라고 해도 내가 하고 싶은 말, 내가 자주 하는 말과는 달라 활용도가 떨어지는 경우가 있습니다. 특히 무조건 외운 문장은 잊어먹기도 쉽죠.

> 언제까지 누군가가 정해놓은 문장만 외울 건가요?
> 내가 하고 싶은 말을 직접 만들고 영어로 말하고 싶진 않으세요?

영어는 언어이기에 짧은 시간 안에 네이티브들이 쓰는 모든 문장을 외울 수는 없습니다. 영어회화에 있어 중요한 것은 단어와 표현들을 조합하여 문장을 만들어 보는 것, 즉 '문장 응용 능력'을 키우는 것입니다.

여러분이 하고 싶은 말을 직접 만들고 말할 수 있는 '문장 응용 능력'을 키우기 위해선 영어 표현을 '단어' 단위가 아니라 '덩어리' 단위의 표현 묶음(청크, chunk)으로 알아두셔야 합니다. 묶음으로 기억하는 덩어리인 청크(chunk)는 단어가 아닌 말뭉치로 문장 응용력을 몇 백 배로 증가시킬 수 있는 신개념 학습법입니다.

이 책은 청크 개념을 활용하여 학습자 여러분이 하고 싶은 말을 직접 만들고 말할 수 있도록 '문장 응용 능력'을 키우는 데 초점을 맞추었습니다. 하루 10개 청크(표현)만 공부해도 하루에 50문장, 한 달이면 1,000문장 이상을 말할 수 있습니다.

단어 암기는 영어 공부의 기본이지만, 단어를 많이 알고 있어도 영어로 말 한 마디 제대로 못하는 경우가 많죠? 이는 풍부한 어휘력은 영어 사용에 도움은 줄 수 있어도, 단어만 나열해서는 문장을 만들 수는 없습니다.

단어 암기

VS.

청크 학습법

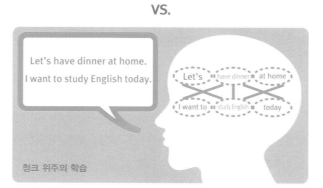

의미를 가진 말의 덩어리인 청크(chunk)를 학습하면 머릿속에서 문장을 '시작부 – 중심부 – 꾸밈부'의 세 부분으로 나누어 인식하여 제대로 된 문장을 만들 수 있습니다.

시작부   중심부   꾸밈부

Let's
I didn't
I want to

×

have dinner
study English
take a shower

×

today
at home
with friends

Let's have dinner today.
Let's study English at home.
I didn't take a shower today.
I didn't have dinner with friends.
I want to take a shower at home.
I want to study English with friends.

한 달에 1,000문장을 통암기하려면 하루에 몇 시간씩 공부해야 할까요?

청크 학습법을 활용한다면,

하루에 청크 10개만 공부해도 하루 50문장을 말할 수 있고,

한 달(20일)이면 1,000문장을 말할 수 있게 됩니다!

1. 왕초보도 한 달이면 1,000문장을 말할 수 있다!

하루 10개의 청크(중심부)만 공부하면, 하루에 50문장, 한 달이면 1,000문장을 말할 수 있습니다. 최소한의 학습으로 최대의 효과를 거둘 수 있죠. 학습자가 직접 문장 만들기 연습을 하기 때문에 기억에 오래 남고 보다 효과적입니다.

2. KOCCA 한국콘텐츠진흥원장상 수상

2년 연속으로 KOCCA 한국콘텐츠진흥원장상을 수상하여 콘텐츠의 우수성을 공식적으로 인정받았습니다.

3. 3년간의 콘텐츠 제작, 5년간의 임상실험을 거쳐 개발, 완성

양질의 콘텐츠 제작을 위해 3년 동안 꾸준히 연구하여 개발했으며, 국내 학습자들을 대상으로 5년간의 임상실험을 통해 보완하여 완성시킨 학습법입니다.

미드, 영화, 뉴스, 원서, 영어교재 등의 빈출 표현 총망라! **20,000**개	➡	자주 쓰는 생활밀착형 패턴, 숙어, 구동사, 전명구 총정리! **8,000**개	➡	시작부/중심부/꾸밈부 3개의 파트로 구분! **6,804**개

⬇

네이티브 최종 감수. 이 책 완성! **600**개	⬅	국내 영어학습자 대상 임상실험을 통해 콘텐츠 재정리! **1,230**개	⬅	실제 문장 만들기 적용 시 부결합 표현 삭제! **4,897**개

STEP 1

50문장 미리보기

오늘 공부할 내용을 살펴보세요. **시작부 + 중심부** 또는 **시작부＋중심부＋꾸밈부**를 연결하면 여러 가지 문장을 만들 수 있습니다. 스마트폰으로 QR코드를 스캔하면 MP3 파일을 바로 들을 수 있습니다.

◀)) MP3 활용법
(집중) 듣기 MP3 ⇨ 스피킹 훈련 MP3

STEP 2

하루 50문장 말하기

시작부와 **중심부**를 연결하여 문장을 만들어 보세요. 하루에 중심부 10개만 공부하면 시작부 5개와 결합시켜 50문장을 말할 수 있습니다. 시작부＋중심부 문장을 큰 소리로 세 번씩 읽어 보세요.

◀)) MP3 활용법
(집중) 듣기 MP3 ⇨ 스피킹 훈련 MP3
큰 소리로 문장을 세 번씩 읽어 보세요.

STEP 3

좀 더 길게 말해 보기

시작부 + 중심부 뒤에 **꾸밈부**를 붙여서 좀 더 길게 말해 보세요.

◀)) MP3 활용법
(집중) 듣기 MP3 ⇨ 스피킹 훈련 MP3
큰 소리로 문장을 세 번씩 읽어 보세요.

부가자료를 활용한 복습

넥서스 홈페이지에서 무료로 제공하는 7가지 부가 학습자료를 다운받아 복습하세요.
www.nexusbook.com

듣기 MP3	한국어 뜻과 영어 네이티브 녹음을 한 번씩 들을 수 있습니다.
집중 듣기 MP3	네이티브 녹음을 두 번 반복해서 들을 수 있습니다.
스피킹 훈련 MP3	한국어 뜻을 듣고 여러분이 영어로 말해 볼 수 있는 시간을 줍니다. 그 다음에 네이티브 음성을 들으며 다시 한번 확인할 수 있도록 구성했습니다.
딕테이션 테스트 & MP3	영어 문장을 듣고 받아쓰기 연습을 할 수 있도록 테스트지와 MP3 파일을 제공합니다.
표현 노트	중심부 표현만 집중 학습할 수 있도록 정리한 자료입니다. 표현을 보고 문장을 만들어 보는 연습을 해 보세요.
표현 퀴즈	중심부 표현을 제대로 익혔는지 확인해 보는 퀴즈입니다.

목차

PART 1

하루 50 문장
말하기
훈련

 시작하기 전에 꼭 알아 두세요!

1 one's는 문장을 만들 때 소유격으로 바꿔 주세요.

  예 Please change one's plan.
    ⇨ Please change your plan.

2 someone은 문장을 만들 때 목적격으로 바꿔 주세요.

  예 Can I call someone back?
    ⇨ Can I call you back?

3 Actually, Honestly, First of all,
  As I told you before
  이 네 가지 꾸밈부는 문장 앞에 붙여 보세요.

  Actually 사실, 실은 / Honestly 솔직히
  First of all 우선, 먼저
  As I told you before 전에 말했듯이

  예 First of all, let's set a goal.

책 표지의 날개를 펼쳐 보세요.
더 많은 시작부와 꾸밈부를 활용할 수 있답니다.

DAY
01

50문장 마스터

go to work

출근하다

go to work는 일하러 가다, 즉 '출근하다'라는 뜻입니다.
지역에 따라 차이는 있지만,
대부분의 미국 사람들은 바쁜 출근길에도 이웃에게 인사하는 건 잊지 않는답니다.
반대로 '퇴근하다'는 get off work라고 합니다.

50문장 미리보기

오늘 공부할 내용을 살펴보세요. **시작부+중심부** 또는 **시작부+중심부+꾸밈부**를
연결하면 여러 가지 문장을 만들 수 있습니다.

시작부	중심부

I can

~할 수 있어

001
buy dinner

저녁을 사다

I will

~할 거야

002
drink coffee

커피를 마시다

I won't

~하지 않을 거야

003
drive a car

차를 운전하다

Let's

~하자

004
get off work

퇴근하다

Don't

~하지 마

005
go to work

출근하다

MP3 듣기

중심부	꾸밈부

006
make money

돈을 벌다

now

지금, 이제

007
play golf

골프를 치다

today

오늘

008
read the newspaper

신문을 읽다

tomorrow

내일

009
talk business

상담하다, 사업 얘기를 하다

if you want

네가 원한다면

010
work hard

열심히 일하다

from now on

이제부터, 지금부터

STEP 2-1

하루 50문장 말하기

시작부와 **중심부**를 연결하여 문장을 만들어 보세요.
하루에 중심부 10개만 공부하면 시작부 5개와 결합시켜 50문장을 말할 수 있습니다.

시작부	중심부 (1)
I can ~할 수 있어	001 **buy dinner** 저녁을 사다
I will ~할 거야	002 **drink coffee** 커피를 마시다
I won't ~하지 않을 거야	003 **drive a car** 차를 운전하다
Let's ~하자	004 **get off work** 퇴근하다
Don't ~하지 마	005 **go to work** 출근하다

➡ 하루 50 문장 말하기 (1)

□□□	**I can** **buy dinner**	저녁 살 수 있어
□□□	drink coffee	커피 마실 수 있어
□□□	drive a car	차 운전할 수 있어
□□□	get off work	퇴근할 수 있어
□□□	go to work	출근할 수 있어

□□□	**I will** buy dinner	저녁 살 거야
□□□	**drink coffee**	커피 마실 거야
□□□	drive a car	차 운전할 거야
□□□	get off work	퇴근할 거야
□□□	go to work	출근할 거야

□□□	**I won't** buy dinner	저녁 안 살 거야
□□□	drink coffee	커피 안 마실 거야
□□□	**drive a car**	차 운전 안 할 거야
□□□	get off work	퇴근 안 할 거야
□□□	go to work	출근 안 할 거야

□□□	**Let's** buy dinner	저녁 사자
□□□	drink coffee	커피 마시자
□□□	drive a car	차 운전하자
□□□	**get off work**	퇴근하자
□□□	go to work	출근하자

□□□	**Don't** buy dinner	저녁 사지 마
□□□	drink coffee	커피 마시지 마
□□□	drive a car	차 운전하지 마
□□□	get off work	퇴근하지 마
□□□	**go to work**	출근하지 마

📋 다음 페이지에 계속됩니다.

23

시작부와 **중심부**를 연결하여 문장을 만들어 보세요.

시작부	중심부 (2)

I can

~할 수 있어

006
make money

돈을 벌다

I will

~할 거야

007
play golf

골프를 치다

I won't

~하지 않을 거야

008
read the newspaper

신문을 읽다

Let's

~하자

009
talk business

상담하다, 사업 얘기를 하다

Don't

~하지 마

010
work hard

열심히 일하다

☐☐☐	**I can**	**make money**	돈 벌 수 있어
☐☐☐		play golf	골프 칠 수 있어
☐☐☐		read the newspaper	신문 읽을 수 있어
☐☐☐		talk business	상담할 수 있어
☐☐☐		work hard	열심히 일할 수 있어
☐☐☐	**I will**	make money	돈 벌 거야
☐☐☐		**play golf**	골프 칠 거야
☐☐☐		read the newspaper	신문 읽을 거야
☐☐☐		talk business	상담할 거야
☐☐☐		work hard	열심히 일할 거야
☐☐☐	**I won't**	make money	돈 안 벌 거야
☐☐☐		play golf	골프 안 칠 거야
☐☐☐		**read the newspaper**	신문 안 읽을 거야
☐☐☐		talk business	상담 안 할 거야
☐☐☐		work hard	열심히 일하지 않을 거야
☐☐☐	**Let's**	make money	돈 벌자
☐☐☐		play golf	골프 치자
☐☐☐		read the newspaper	신문 읽자
☐☐☐		**talk business**	상담하자
☐☐☐		work hard	열심히 일하자
☐☐☐	**Don't**	make money	돈 벌지 마
☐☐☐		play golf	골프 치지 마
☐☐☐		read the newspaper	신문 읽지 마
☐☐☐		talk business	상담하지 마
☐☐☐		**work hard**	열심히 일하지 마

25

좀 더 길게 말해 보기

시작부 + 중심부 뒤에 **꾸밈부**를 붙여서 좀 더 길게 말해 보세요.

시작부	중심부	꾸밈부

1 **오늘** 내가 저녁 살게.　　　　today

2 **이제** 커피 마시자.　　　　now

3 **오늘** 차 운전하지 마.　　　　today

4 나 **지금** 퇴근할 수 있어.　　　　now

5 나 **내일** 출근 안 할 거야.　　　　tomorrow

6 **이제부터** 돈 벌지 마.　　　　from now on

7 **네가 원한다면** 골프 안 칠 거야.　　　　if you want

8 **이제부터** 열심히 일할 거야.　　　　from now on

☐☐☐ I will buy dinner today.

☐☐☐ Let's drink coffee now.

☐☐☐ Don't drive a car today.

☐☐☐ I can get off work now.

☐☐☐ I won't go to work tomorrow.

☐☐☐ Don't make money from now on.

☐☐☐ I won't play golf if you want.

☐☐☐ I will work hard from now on.

27

CHECK-UP

빈칸에 알맞은 말을 보기 중에서 골라 넣어 보세요.

> read the newspaper   get off work
>
> buy dinner   play golf   drive a car
>
> make money   drink coffee   talk business
>
> work hard   go to work

1. 네가 원한다면 차를 운전할 수 있어.
   I can ⟨_____⟩ **if you want.**

2. 내일 출근할 거야.
   I will ⟨_____⟩ **tomorrow.**

3. 이제부터 커피 안 마실 거야.
   I won't ⟨_____⟩ **from now on.**

4. 이제 퇴근하자.
   Let's ⟨_____⟩ **now.**

5. 오늘은 골프 치지 마.
   Don't ⟨_____⟩ **today.**

📙 복습 훈련 222쪽

100문장 마스터

buy stocks

주식을 사다

You can buy, sell and hold in the Stock market.
(당신은 주식 시장에서 매수, 매도, 보유를 할 수 있습니다.)

바이 앤 홀드(Buy & Hold) 주식을 매입해서 오랫동안 보유하는 것만큼
효과적인 전략은 없다고 합니다.

참고로 미국 증권시장은 크게 뉴욕증권거래소(NYSE), 나스닥(NASDAQ)이 있어요.

STEP 1

50문장 미리보기

오늘 공부할 내용을 살펴보세요. **시작부+중심부** 또는 **시작부+중심부+꾸밈부**를 연결하면 여러 가지 문장을 만들 수 있습니다.

시작부	중심부

Please

~하세요

011
attend a workshop

워크숍에 참석하다

I have to

~해야 해

012
buy stocks

주식을 사다

I want to

~하고 싶어

013
change one's plan

계획을 바꾸다

You'd better

~하는 게 좋겠어/좋을 거야

014
check the news

뉴스를 확인하다

I don't want to

~하고 싶지 않아

015
get an education

교육을 받다

MP3 듣기

중심부	꾸밈부

016
give a presentation
발표를 하다

now
지금, 이제

017
make an appointment
약속을 하다

today
오늘

018
send money
돈을 보내다

actually
사실, 실은

019
turn off the light
불을 끄다

if possible
가능하다면

020
work in shifts
교대로 일하다

on business
업무상, 볼일이 있어

하루 50문장 말하기

시작부와 **중심부**를 연결하여 문장을 만들어 보세요.
하루에 중심부 10개만 공부하면 시작부 5개와 결합시켜 50문장을 말할 수 있습니다.

시작부	중심부 (1)

Please

~하세요

011
attend a workshop

워크숍에 참석하다

I have to

~해야 해

012
buy stocks

주식을 사다

I want to

~하고 싶어

013
change one's plan

계획을 바꾸다

You'd better

~하는 게 좋겠어/좋을 거야

014
check the news

뉴스를 확인하다

I don't want to

~하고 싶지 않아

015
get an education

교육을 받다

32

하루 **50** 문장 말하기 (1)

큰 소리로 세 번씩 말해 보세요.

Please	**attend a workshop**	워크숍에 참석하세요
	buy stocks	주식을 사세요
	change your plan	당신 계획을 바꾸세요
	check the news	뉴스를 확인하세요
	get an education	교육을 받으세요
I have to	attend a workshop	워크숍에 참석해야 돼
	buy stocks	주식을 사야 해
	change my plan	내 계획을 바꿔야 해
	check the news	뉴스를 확인해야 해
	get an education	교육을 받아야 돼
I want to	attend a workshop	워크숍에 참석하고 싶어
	buy stocks	주식을 사고 싶어
	change my plan	내 계획을 바꾸고 싶어
	check the news	뉴스를 확인하고 싶어
	get an education	교육을 받고 싶어
You'd better	attend a workshop	워크숍에 참석하는 게 좋겠어
	buy stocks	주식을 사는 게 좋겠어
	change your plan	네 계획을 바꾸는 게 좋겠어
	check the news	뉴스를 확인하는 게 좋겠어
	get an education	교육을 받는 게 좋겠어
I don't want to	attend a workshop	워크숍에 참석하고 싶지 않아
	buy stocks	주식 사고 싶지 않아
	change my plan	내 계획을 바꾸고 싶지 않아
	check the news	뉴스 확인하고 싶지 않아
	get an education	교육 받고 싶지 않아

다음 페이지에 계속됩니다.

33

시작부와 **중심부**를 연결하여 문장을 만들어 보세요.

시작부	중심부 (2)
Please ~하세요	016 **give a presentation** 발표를 하다
I have to ~해야 해	017 **make an appointment** 약속을 하다
I want to ~하고 싶어	018 **send money** 돈을 보내다
You'd better ~하는 게 좋겠어/좋을 거야	019 **turn off the light** 불을 끄다
I don't want to ~하고 싶지 않아	020 **work in shifts** 교대로 일하다

34

Please	**give a presentation**	발표하세요
	make an appointment	약속을 잡으세요
	send money	돈을 보내세요
	turn off the light	불을 꺼 주세요
	work in shifts	교대로 일하세요
I have to	give a presentation	발표해야 돼
	make an appointment	약속을 잡아야 돼
	send money	돈을 보내야 해
	turn off the light	불을 꺼야 해
	work in shifts	교대로 일해야 해
I want to	give a presentation	발표하고 싶어
	make an appointment	약속하고 싶어
	send money	돈을 보내고 싶어
	turn off the light	불 끄고 싶어
	work in shifts	교대로 일하고 싶어
You'd better	give a presentation	발표하는 게 좋겠어
	make an appointment	약속하는 게 좋겠어
	send money	돈을 보내는 게 좋겠어
	turn off the light	불을 끄는 게 좋겠어
	work in shifts	교대로 일하는 게 좋겠어
I don't want to	give a presentation	발표하고 싶지 않아
	make an appointment	약속하고 싶지 않아
	send money	돈 보내고 싶지 않아
	turn off the light	불 끄고 싶지 않아
	work in shifts	교대로 일하고 싶지 않아

35

좀 더 길게 말해 보기

시작부 + 중심부 뒤에 **꾸밈부**를 붙여서 좀 더 길게 말해 보세요.

시작부	중심부	꾸밈부

1 **가능하다면** 워크숍에 참석하세요.   if possible

2 **지금** 주식 사는 게 좋을 거야.   now

3 **사실** 내 계획을 바꾸고 싶어.   actually

4 **지금** 뉴스를 확인해 주세요.   now

5 난 **업무상** 교육을 받아야 돼.   on business

6 나 **사실** 발표하고 싶지 않아.   actually

7 난 **오늘** 돈을 보내야 해.   today

8 **가능하다면** 교대로 일하고 싶어.   if possible

☐☐☐ Please attend a workshop <u>if possible</u>.

☐☐☐ You'd better buy stocks <u>now</u>.

☐☐☐ <u>Actually,</u> I want to change my plan.

☐☐☐ Please check the news <u>now</u>.

☐☐☐ I have to get an education <u>on business</u>.

☐☐☐ <u>Actually,</u> I don't want to give a presentation.

☐☐☐ I have to send money <u>today</u>.

☐☐☐ I want to work in shifts <u>if possible</u>.

37

CHECK-UP

빈칸에 알맞은 말을 보기 중에서 골라 넣어 보세요.

make an appointment	give a presentation
get an education	buy stocks	check the news
attend a workshop	send money	work in shifts
change your plan	turn off the light

1. 이제 불을 꺼 주세요.

   Please ⟨　　　　　⟩ **now.**

2. 나 업무상 발표를 해야 해.

   I have to ⟨　　　　　⟩ **on business.**

3. 가능하다면 주식 사고 싶어.

   I want to ⟨　　　　　⟩ **if possible.**

4. 오늘 뉴스를 확인하는 게 좋겠어.

   You'd better ⟨　　　　　⟩ **today.**

5. 실은 워크숍에 참석하고 싶지 않아.

   Actually, I don't want to ⟨　　　　　⟩ **.**

1. turn off the light　2. give a presentation　3. buy stocks　4. check the news
5. attend a workshop

📖 복습 훈련 224쪽

38

150문장 마스터

haha

contract

Today's Expressions

sign a contract

계약을 맺다

계약할 때 우리나라에서는 도장을 찍지만,
미국에서는 사인(sign)을 합니다.
도장과 사인의 법률적 효력은 같다고 볼 수 있습니다.

STEP 1

50문장 미리보기

오늘 공부할 내용을 살펴보세요. **시작부+중심부** 또는 **시작부+중심부+꾸밈부**를
연결하면 여러 가지 문장을 만들 수 있습니다.

시작부	중심부

It's not easy to

~하는 건 쉽지 않아

021
do someone a favor

~의 부탁을 들어주다

It's important to

~하는 건 중요해

022
find information

정보를 찾다

Don't forget to

~하는 거 잊지 마

023
get permission

허가를 받다

All you have to do is

넌 ~만 하면 돼

024
go on a business trip

출장을 가다

If I were you, I would

내가 너라면 ~했을 거야

025
make a profit

수익을 올리다

중심부	꾸밈부

026
meet clients

고객을 만나다

now

지금, 이제

027
pay the bill

계산을 하다

actually

사실, 실은

028
save time

시간을 절약하다

every day

매일

029
sign a contract

계약을 맺다

over and over

반복해서, 계속해서

030
understand the situation

상황을 파악하다

as I told you before

전에 말했듯이

하루 50문장 말하기

시작부와 **중심부**를 연결하여 문장을 만들어 보세요.
하루에 중심부 10개만 공부하면 시작부 5개와 결합시켜 50문장을 말할 수 있습니다.

시작부	중심부 (1)

It's not easy to

~하는 건 쉽지 않아

021
do someone a favor

~의 부탁을 들어주다

It's important to

~하는 건 중요해

022
find information

정보를 찾다

Don't forget to

~하는 거 잊지 마

023
get permission

허가를 받다

All you have to do is

넌 ~만 하면 돼

024
go on a business trip

출장을 가다

If I were you, I would

내가 너라면 ~했을 거야

025
make a profit

수익을 올리다

큰 소리로 세 번씩 말해 보세요.

It's not easy to	**do you a favor**	네 부탁 들어주는 거 쉽지 않아
	find information	정보를 찾는 건 쉽지 않아
	get permission	허가 받는 건 쉽지 않아
	go on a business trip	출장 가는 건 쉽지 않아
	make a profit	수익을 올리는 건 쉽지 않아

It's important to	do them a favor	그들의 부탁을 들어주는 건 중요해
	find information	정보를 찾는 건 중요해
	get permission	허가 받는 건 중요해
	go on a business trip	출장 가는 건 중요해
	make a profit	수익을 올리는 건 중요해

Don't forget to	do me a favor	내 부탁 들어주는 거 잊지 마
	find information	정보 찾는 거 잊지 마
	get permission	허가 받는 거 잊지 마
	go on a business trip	출장 가는 거 잊지 마
	make a profit	수익을 올리는 거 잊지 마

All you have to do is	do me a favor	넌 내 부탁만 들어주면 돼
	find information	넌 정보만 찾으면 돼
	get permission	허가만 받으면 돼
	go on a business trip	출장만 가면 돼
	make a profit	수익만 올리면 돼

If I were you, I would	do him a favor	내가 너라면 그 남자 부탁 들어줬을 거야
	find information	내가 너라면 정보를 찾았을 거야
	get permission	내가 너라면 허가를 받았을 거야
	go on a business trip	내가 너라면 출장 갔을 거야
	make a profit	내가 너라면 수익을 올렸을 거야

📑 다음 페이지에 계속됩니다.

43

STEP
2-2

시작부와 **중심부**를 연결하여 문장을 만들어 보세요.

시작부	중심부 (2)

It's not easy to

~하는 건 쉽지 않아

026
meet clients

고객을 만나다

It's important to

~하는 건 중요해

027
pay the bill

계산을 하다

Don't forget to

~하는 거 잊지 마

028
save time

시간을 절약하다

All you have to do is

넌 ~만 하면 돼

029
sign a contract

계약을 맺다

If I were you, I would

내가 너라면 ~했을 거야

030
understand the situation

상황을 파악하다

44

➡ 하루 50 문장 말하기 (2)

It's not easy to	**meet clients**	고객을 만나는 건 쉽지 않아
	pay the bill	계산을 하는 건 쉽지 않아
	save time	시간을 절약하는 건 쉽지 않아
	sign a contract	계약을 맺는 건 쉽지 않아
	understand the situation	상황을 파악하는 건 쉽지 않아
It's important to	meet clients	고객을 만나는 건 중요해
	pay the bill	계산하는 건 중요해
	save time	시간을 절약하는 건 중요해
	sign a contract	계약을 맺는 건 중요해
	understand the situation	상황을 파악하는 건 중요해
Don't forget to	meet clients	고객을 만나는 거 잊지 마
	pay the bill	계산하는 거 잊지 마
	save time	시간 절약하는 거 잊지 마
	sign a contract	계약을 맺는 거 잊지 마
	understand the situation	상황 파악하는 거 잊지 마
All you have to do is	meet clients	고객만 만나면 돼
	pay the bill	계산만 하면 돼
	save time	시간만 절약하면 돼
	sign a contract	계약만 맺으면 돼
	understand the situation	상황만 파악하면 돼
If I were you, I would	meet clients	내가 너라면 고객을 만났을 거야
	pay the bill	내가 너라면 계산을 했을 거야
	save time	내가 너라면 시간을 절약했을 거야
	sign a contract	내가 너라면 계약을 맺었을 거야
	understand the situation	내가 너라면 상황을 파악했을 거야

45

좀 더 길게 말해 보기

시작부 + 중심부 뒤에 꾸밈부를 붙여서 좀 더 길게 말해 보세요.

시작부	중심부	꾸밈부

1   넌 **지금** 정보만 찾으면 돼.   now

2   **전에도 말했듯이** 허가 받는 거 잊지 마.   as I told you before

3   **사실** 출장 가는 건 중요해.   actually

4   **매일** 수익을 올리는 건 쉽지 않아.   every day

5   넌 **계속해서** 고객을 만나기만 하면 돼.   over and over

6   내가 너라면 **매일** 계산을 했을 거야.   every day

7   **전에 말했듯이** 시간을 절약하는 건 중요해.   as I told you before

8   내가 너라면 **계속** 계약을 맺었을 거야.   over and over

All you have to do is find information now.

As I told you before, don't forget to get permission.

Actually, it's important to go on a business trip.

It's not easy to make a profit every day.

All you have to do is meet clients over and over.

If I were you, I would pay the bill every day.

As I told you before, it's important to save time.

If I were you, I would sign a contract over and over.

47

빈칸에 알맞은 말을 보기 중에서 골라 넣어 보세요.

> go on a business trip
> understand the situation
> sign a contract
> save time
> meet clients
> find information
> pay the bill
> get permission
> do me a favor
> make a profit

1. 계속해서 허가 받는 건 쉽지 않아.

    It's not easy to ⟨   ⟩ over and over.

2. 사실 수익을 올리는 건 중요해.

    Actually, It's important to ⟨   ⟩.

3. 전에도 말했듯이 고객을 만나는 거 잊지 마.

    As I told you before, don't forget to ⟨   ⟩.

4. 넌 지금 상황만 파악하면 돼.

    All you have to do is ⟨   ⟩ now.

5. 내가 너라면 매일 정보를 찾았을 거야.

    If I were you, I would ⟨   ⟩ every day.

1. get permission   2. make a profit   3. meet clients   4. understand the situation
5. find information

📖 복습 훈련 226쪽

200문장 마스터

Today's Expressions

keep in touch

계속 연락하다

"계속 연락하고 지내자", "소식 주고 받으면서 지내자"
이렇게 말할 때 쓸 수 있는 표현이죠.
친하게 지내던 사람들이 헤어질 때 자주 사용하는 표현입니다.

50문장 미리보기

오늘 공부할 내용을 살펴보세요. **시작부+중심부** 또는 **시작부+중심부+꾸밈부**를
연결하면 여러 가지 문장을 만들 수 있습니다.

시작부	중심부

Can I ~?

~해도 돼?

031
call someone back

~에게 다시 전화하다

Can you ~?

~할 수 있어?

032
have a drink

(술을) 한잔하다

Will you ~?

~할 거야?

033
invest in stocks

주식에 투자하다

Do you want to ~?

~하고 싶어?

034
keep in touch

계속 연락하다

Why don't you ~?

~하지 그래?, ~하는 게 어때?

035
make a copy

복사를 하다

MP3 듣기

중심부	꾸밈부

036
send a fax
팩스를 보내다

now
지금, 이제

037
stop by one's office
사무실을 들르다

today
오늘

038
talk over a drink
(술) 한잔하면서 얘기하다

after work
퇴근 후, 일 끝나고

039
use a computer
컴퓨터를 쓰다

for a while
잠깐, 한동안

040
write a resume
이력서를 쓰다

with coworkers
직장 동료들과

51

하루 50문장 말하기

시작부와 **중심부**를 연결하여 문장을 만들어 보세요.
하루에 중심부 10개만 공부하면 시작부 5개와 결합시켜 50문장을 말할 수 있습니다.

시작부	중심부 (1)

Can I ~?

~해도 돼?

031
call someone back

~에게 다시 전화하다

Can you ~?

~할 수 있어?

032
have a drink

(술을) 한잔하다

Will you ~?

~할 거야?

033
invest in stocks

주식에 투자하다

Do you want to ~?

~하고 싶어?

034
keep in touch

계속 연락하다

Why don't you ~?

~하지 그래?, ~하는 게 어때?

035
make a copy

복사를 하다

 하루 **50** 문장 말하기 (1)

 큰 소리로 세 번씩 말해 보세요.

Can I	**call you back?**	너한테 다시 전화해도 돼?
	have a drink?	한잔해도 돼?
	invest in stocks?	주식 투자해도 돼?
	keep in touch?	계속 연락해도 돼?
	make a copy?	복사해도 돼?
Can you	call me back?	나한테 다시 전화할 수 있어?
	have a drink?	한잔할 수 있어?
	invest in stocks?	주식 투자할 수 있어?
	keep in touch?	계속 연락할 수 있어?
	make a copy?	복사할 수 있어?
Will you	call me back?	나한테 다시 전화할 거야?
	have a drink?	한잔할 거야?
	invest in stocks?	주식에 투자할 거야?
	keep in touch?	계속 연락할 거야?
	make a copy?	복사할 거야?
Do you want to	call him back?	그에게 다시 전화하고 싶어?
	have a drink?	한잔하고 싶어?
	invest in stocks?	주식에 투자하고 싶어?
	keep in touch?	계속 연락하고 싶어?
	make a copy?	복사하고 싶어?
Why don't you	call her back?	그녀에게 다시 전화하는 게 어때?
	have a drink?	한잔하지 그래?
	invest in stocks?	주식에 투자하는 게 어때?
	keep in touch?	계속 연락하는 게 어때?
	make a copy?	복사하지 그래?

📖 다음 페이지에 계속됩니다.

53

STEP
2-2

시작부와 **중심부**를 연결하여 문장을 만들어 보세요.

시작부	중심부 (2)

Can I ~?

~해도 돼?

036
send a fax

팩스를 보내다

Can you ~?

~할 수 있어?

037
stop by one's office

사무실을 들르다

Will you ~?

~할 거야?

038
talk over a drink

(술) 한잔하면서 얘기하다

Do you want to ~?

~하고 싶어?

039
use a computer

컴퓨터를 쓰다

Why don't you ~?

~하지 그래?, ~하는 게 어때?

040
write a resume

이력서를 쓰다

Can I	**send a fax?**	팩스 보내도 돼?
	stop by your office?	너희 사무실에 들러도 돼?
	talk over a drink?	한잔하면서 얘기해도 돼?
	use a computer?	컴퓨터 써도 돼?
	write a resume?	이력서 써도 돼?

Can you	send a fax?	팩스 보낼 수 있어?
	stop by my office?	내 사무실에 들를 수 있어?
	talk over a drink?	한잔하면서 얘기할 수 있어?
	use a computer?	컴퓨터 쓸 수 있어?
	write a resume?	이력서 쓸 수 있어?

Will you	send a fax?	팩스 보낼 거야?
	stop by my office?	내 사무실에 들를 거야?
	talk over a drink?	한잔하면서 얘기할 거야?
	use a computer?	컴퓨터 쓸 거야?
	write a resume?	이력서 쓸 거야?

Do you want to	send a fax?	팩스 보내고 싶어?
	stop by my office?	사무실에 들르고 싶어?
	talk over a drink?	한잔하면서 얘기하고 싶어?
	use a computer?	컴퓨터 쓰고 싶어?
	write a resume?	이력서 쓰고 싶어?

Why don't you	send a fax?	팩스 보내지 그래?
	stop by her office?	그녀의 사무실에 들르지 그래?
	talk over a drink?	한잔하면서 얘기하는 게 어때?
	use a computer?	컴퓨터를 쓰지 그래?
	write a resume?	이력서를 쓰지 그래?

STEP 3 좀 더 길게 말해 보기

시작부 + 중심부 뒤에 **꾸밈부**를 붙여서 좀 더 길게 말해 보세요.

시작부	중심부	꾸밈부

1 **일 끝나고** 너한테 다시 전화해도 돼? — after work

2 **직장 동료들이랑** 한잔할 거야? — with coworkers

3 **오늘** 내 사무실에 들를 수 있어? — today

4 **지금** 주식에 투자하고 싶어? — now

5 **지금** 복사할 거야? — now

6 **잠깐** 팩스 보낼 수 있어? — for a while

7 **일 끝나고** 한잔하면서 얘기하는 게 어때? — after work

8 **잠깐** 컴퓨터 써도 돼? — for a while

56

☐☐☐ Can I call you back <u>after work?</u>

☐☐☐ Will you have a drink <u>with coworkers?</u>

☐☐☐ Can you stop by my office <u>today?</u>

☐☐☐ Do you want to invest in stocks <u>now?</u>

☐☐☐ Will you make a copy <u>now?</u>

☐☐☐ Can you send a fax <u>for a while?</u>

☐☐☐ Why don't you talk over a drink <u>after work?</u>

☐☐☐ Can I use a computer <u>for a while?</u>

빈칸에 알맞은 말을 보기 중에서 골라 넣어 보세요.

stop by my office   talk over a drink

write a resume   send a fax   keep in touch

invest in stocks   have a drink   make a copy

call me back   use a computer

1. 잠깐 복사해도 돼?

   Can I ⟨   ⟩ **for a while?**

2. 지금 팩스 보낼 수 있어?

   Can you ⟨   ⟩ **now?**

3. 오늘 나한테 다시 전화할 거야?

   Will you ⟨   ⟩ **today?**

4. 직장 동료들과 계속 연락하고 싶어?

   Do you want to ⟨   ⟩ **with coworkers?**

5. 일 끝나고 한잔하는 게 어때?

   Why don't you ⟨   ⟩ **after work?**

1. make a copy   2. send a fax   3. call me back   4. keep in touch   5. have a drink

📱 복습 훈련 228쪽

58

250문장 마스터

drink and drive

음주 운전을 하다

직역하면 '술 마시고(drink) 운전하다(drive)'이니 '음주 운전을 하다'라는 뜻이겠죠.
미국 장애인 주차공간에는 다음과 같은 음주운전에 관한 문구가 있습니다.

Every 48 seconds, a drunk driver makes another person eligible to park here.
(음주 운전자 한 명이 48초마다 다른 사람을 이곳에 주차할 수 있게 만들고 있다.)

즉, 이곳을 이용하는 장애인들은 누군가의 음주로 인한 피해자라는 뜻이죠.

50문장 미리보기

오늘 공부할 내용을 살펴보세요. **시작부+중심부** 또는 **시작부+중심부+꾸밈부**를 연결하면 여러 가지 문장을 만들 수 있습니다.

시작부	중심부

Did you ~?

～했어?

041 **break a contract**

계약을 파기하다

I told you not to

내가 ～하지 말라고 했잖아

042 **change jobs**

이직하다

I didn't

～하지 않았어

043 **drink and drive**

음주 운전을 하다

I couldn't

～할 수 없었어

044 **drive too fast**

과속하다

I (과거형)

～했어

045 **find an ATM**

현금인출기를 찾다

MP3 듣기

중심부	꾸밈부

046
get drunk
취하다

today
오늘

047
live in a studio
원룸에 살다

actually
사실, 실은

048
lose business
거래를 놓치다

last night
어젯밤

049
open a drawer
서랍을 열다

at that time
그때, 그 당시

050
work overtime
야근하다

the day before yesterday
그저께

61

하루 50문장 말하기

시작부와 **중심부**를 연결하여 문장을 만들어 보세요.
하루에 중심부 10개만 공부하면 시작부 5개와 결합시켜 50문장을 말할 수 있습니다.

시작부	중심부 (1)

Did you ~?

~했어?

041
break a contract

계약을 파기하다

I told you not to

내가 ~하지 말라고 했잖아

042
change jobs

이직하다

I didn't

~하지 않았어

043
drink and drive

음주 운전을 하다

I couldn't

~할 수 없었어

044
drive too fast

과속하다

I (과거형)

~했어

045
find an ATM

현금인출기를 찾다

큰 소리로 세 번씩 말해 보세요.

➡️ 하루 50 문장 말하기 (1)

Did you	**break a contract?**	계약 파기했어?
	change jobs?	이직했어?
	drink and drive?	음주 운전 했어?
	drive too fast?	과속했어?
	find an ATM?	현금인출기 찾았어?

I told you not to	break a contract	계약 파기하지 말라고 했잖아
	change jobs	이직하지 말라고 했잖아
	drink and drive	음주 운전 하지 말라고 했잖아
	drive too fast	과속하지 말라고 했잖아
	find an ATM	현금인출기 찾지 말라고 했잖아

I didn't	break a contract	계약 파기 안 했어
	change jobs	이직 안 했어
	drink and drive	음주 운전 안 했어
	drive too fast	과속 안 했어
	find an ATM	현금인출기 안 찾았어

I couldn't	break a contract	계약 파기할 수 없었어
	change jobs	이직할 수 없었어
	drink and drive	음주 운전을 할 수 없었어
	drive too fast	과속할 수 없었어
	find an ATM	현금인출기를 찾을 수 없었어

I (과거형)	broke a contract	계약 파기했어
	changed jobs	이직했어
	drank and drive	음주 운전 했어
	drove too fast	과속했어
	found an ATM	현금인출기를 찾았어

🔖 다음 페이지에 계속됩니다.

63

시작부와 **중심부**를 연결하여 문장을 만들어 보세요.

시작부	중심부 (2)

Did you ~?

～했어?

046
get drunk

취하다

I told you not to

내가 ～하지 말라고 했잖아

047
live in a studio

원룸에 살다

I didn't

～하지 않았어

048
lose business

거래를 놓치다

I couldn't

～할 수 없었어

049
open a drawer

서랍을 열다

I (과거형)

～했어

050
work overtime

야근하다

	Did you	**get drunk?**	너 취했어?
		live in a studio?	원룸에 살았어?
		lose business?	거래를 놓쳤어?
		open a drawer?	서랍 열었어?
		work overtime?	야근했어?
	I told you not to	get drunk	취하지 말라고 했잖아
		live in a studio	원룸에 살지 말라고 했잖아
		lose business	거래를 놓치지 말라고 했잖아
		open a drawer	서랍 열지 말라고 했잖아
		work overtime	야근하지 말라고 했잖아
	I didn't	get drunk	안 취했어
		live in a studio	원룸에 안 살았어
		lose business	거래 놓치지 않았어
		open a drawer	서랍 안 열었어
		work overtime	야근 안 했어
	I couldn't	get drunk	취할 수가 없었어
		live in a studio	원룸에 살 수 없었어
		lose business	거래를 놓칠 수 없었어
		open a drawer	서랍을 열 수 없었어
		work overtime	야근할 수 없었어
	I (과거형)	got drunk	취했어
		lived in a studio	원룸에 살았어
		lost business	거래를 놓쳤어
		opened a drawer	서랍 열었어
		worked overtime	야근했어

65

시작부	중심부	꾸밈부

1 난 **그때** 계약을 파기할 수 없었어.   at that time

2 나 **그저께** 이직했어.   the day before yesterday

3 너 **어젯밤에** 음주 운전 했어?   last night

4 내가 **오늘** 과속하지 말라고 했잖아.   today

5 나 **어젯밤에** 안 취했어.   last night

6 **사실** 원룸에 살았어.   actually

7 **사실** 거래를 놓쳤어.   actually

8 나 **그때** 야근 안 했어.   at that time

☐☐☐ I couldn't break a contract at that time.

☐☐☐ I changed jobs the day before yesterday.

☐☐☐ Did you drink and drive last night?

☐☐☐ I told you not to drive too fast today.

☐☐☐ I didn't get drunk last night.

☐☐☐ Actually, I lived in a studio.

☐☐☐ Actually, I lost business.

☐☐☐ I didn't work overtime at that time.

67

CHECK-UP

빈칸에 알맞은 말을 보기 중에서 골라 넣어 보세요.

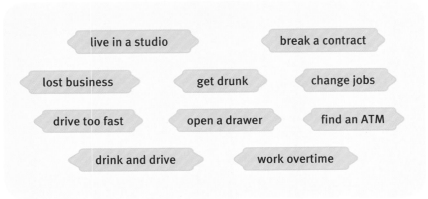

live in a studio   break a contract

lost business   get drunk   change jobs

drive too fast   open a drawer   find an ATM

drink and drive   work overtime

1. 그저께 음주 운전 했어?

   Did you ⟨   ⟩ the day before yesterday?

2. 내가 어젯밤에 야근하지 말라고 했잖아.

   I told you not to ⟨   ⟩ last night.

3. 그때 계약 파기 안 했어.

   I didn't ⟨   ⟩ at that time.

4. 실은 현금인출기 못 찾았어.

   Actually, I couldn't ⟨   ⟩.

5. 나 오늘 거래를 놓쳤어.

   I ⟨   ⟩ today.

300문장 마스터

Today's Expressions

take a rain check

다음으로 미루다

예전에는 야구 경기가 악천후로 인해 취소되거나 중단되었을 때
'우천시 교환권'을 제공했답니다.
take a rain check는 원래는 야구 경기에서 쓰이던 표현이지만,
오늘날에는 '다음을 기약하다', '약속을 미루다'라는 뜻으로 널리 사용되고 있답니다.

50문장 미리보기

오늘 공부할 내용을 살펴보세요. **시작부＋중심부** 또는 **시작부＋중심부＋꾸밈부**를
연결하면 여러 가지 문장을 만들 수 있습니다.

시작부	중심부

I can

~할 수 있어

051 **apply for a loan**

대출을 신청하다

I will

~할 거야

052 **do the best**

최선을 다하다

I won't

~하지 않을 거야

053 **hang up the phone**

전화를 끊다

Let's

~하자

054 **make an excuse**

변명하다

Don't

~하지 마

055 **play a joke**

농담하다

중심부	꾸밈부

056
pretend to know
아는 척하다

today
오늘

057
run a business
사업하다

anymore
더 이상

058
steal one's thunder
생각을 가로채다

first of all
우선, 먼저

059
take a rain check
다음으로 미루다

if you want
네가 원한다면

060
try to explain
설명하려고 애쓰다

from now on
이제부터, 지금부터

하루 50문장 말하기

시작부와 **중심부**를 연결하여 문장을 만들어 보세요.
하루에 중심부 10개만 공부하면 시작부 5개와 결합시켜 50문장을 말할 수 있습니다.

시작부	중심부 (1)

I can

~할 수 있어

051
apply for a loan

대출을 신청하다

I will

~할 거야

052
do the best

최선을 다하다

I won't

~하지 않을 거야

053
hang up the phone

전화를 끊다

Let's

~하자

054
make an excuse

변명하다

Don't

~하지 마

055
play a joke

농담하다

큰 소리로 세 번씩 말해 보세요.

☐☐☐	**I can**	**apply for a loan**	대출 신청할 수 있어
☐☐☐		do the best	최선을 다할 수 있어
☐☐☐		hang up the phone	전화 끊을 수 있어
☐☐☐		make an excuse	변명할 수 있어
☐☐☐		play a joke	농담할 수 있어
☐☐☐	**I will**	apply for a loan	대출을 신청할 거야
☐☐☐		**do the best**	최선을 다할 거야
☐☐☐		hang up the phone	전화 끊을 거야
☐☐☐		make an excuse	변명할 거야
☐☐☐		play a joke	농담할 거야
☐☐☐	**I won't**	apply for a loan	대출 신청 안 할 거야
☐☐☐		do the best	최선을 다하지 않을 거야
☐☐☐		**hang up the phone**	전화 안 끊을 거야
☐☐☐		make an excuse	변명 안 할 거야
☐☐☐		play a joke	농담 안 할 거야
☐☐☐	**Let's**	apply for a loan	대출 신청하자
☐☐☐		do the best	최선을 다하자
☐☐☐		hang up the phone	전화 끊자
☐☐☐		**make an excuse**	변명하자
☐☐☐		play a joke	농담하자
☐☐☐	**Don't**	apply for a loan	대출 신청하지 마
☐☐☐		do the best	최선을 다하지 마
☐☐☐		hang up the phone	전화 끊지 마
☐☐☐		make an excuse	변명하지 마
☐☐☐		**play a joke**	농담하지 마

🔄 다음 페이지에 계속됩니다.

시작부와 **중심부**를 연결하여 문장을 만들어 보세요.

시작부	중심부 (2)

I can

~할 수 있어

056
pretend to know

아는 척하다

I will

~할 거야

057
run a business

사업하다

I won't

~하지 않을 거야

058
steal one's thunder

생각을 가로채다

Let's

~하자

059
take a rain check

다음으로 미루다

Don't

~하지 마

060
try to explain

설명하려고 애쓰다

큰 소리로 세 번씩 말해 보세요.

➡ 하루 50 문장 말하기 (2)

	I can	pretend to know	아는 척할 수 있어
		run a business	사업할 수 있어
		steal your thunder	네 생각을 가로챌 수 있어
		take a rain check	다음으로 미룰 수 있어
		try to explain	설명해 볼 수 있어
	I will	pretend to know	아는 척할 거야
		run a business	사업할 거야
		steal your thunder	네 생각을 가로챌 거야
		take a rain check	다음으로 미룰 거야
		try to explain	설명하도록 할 거야
	I won't	pretend to know	아는 척 안 할 거야
		run a business	사업 안 할 거야
		steal your thunder	네 생각을 가로채지 않을 거야
		take a rain check	다음으로 미루지 않을 거야
		try to explain	설명하려고 애쓰지 않을 거야
	Let's	pretend to know	아는 척하자
		run a business	사업하자
		steal his thunder	그 남자 생각을 가로채자
		take a rain check	다음을 기약하자
		try to explain	설명하도록 하자
	Don't	pretend to know	아는 척하지 마
		run a business	사업하지 마
		steal her thunder	그 여자 생각을 가로채지 마
		take a rain check	다음으로 미루지 마
		try to explain	설명하려고 애쓰지 마

시작부	중심부	꾸밈부

1   **우선** 대출을 신청하자.   first of all

2   난 **오늘** 최선을 다할 거야.   today

3   **더 이상** 변명하지 마.   anymore

4   **지금부터는** 농담하지 마.   from now on

5   난 **더 이상** 아는 척 안 할 거야.   anymore

6   **네가 원한다면** 사업 안 할게.   if you want

7   **우선** 다음을 기약하자.   first of all

8   **네가 원하면** 설명하려고 애쓸 수 있어.   if you want

First of all, let's apply for a loan.

I will do the best today.

Don't make an excuse anymore.

Don't play a joke from now on.

I won't pretend to know anymore.

I won't run a business if you want.

First of all, let's take a rain check.

I can try to explain if you want.

77

빈칸에 알맞은 말을 보기 중에서 골라 넣어 보세요.

> hang up the phone
>
> apply for a loan
>
> pretend to know
>
> play a joke
>
> do the best
>
> try to explain
>
> run a business
>
> make an excuse
>
> take a rain check
>
> steal your thunder

1. 네가 원하면 아는 척할 수 있어.

   I can ⟨　　　　　⟩ **if you want.**

2. 지금부터 최선을 다할 거야.

   I will ⟨　　　　　⟩ **from now on.**

3. 나 더 이상 변명 안 할 거야.

   I won't ⟨　　　　　⟩ **anymore.**

4. 우선 전화 끊자.

   First of all, let's ⟨　　　　　⟩ **.**

5. 오늘은 농담하지 마.

   Don't ⟨　　　　　⟩ **today.**

1. pretend to know   2. do the best   3. make an excuse   4. hang up the phone   5. play a joke

📖 복습 훈련 232쪽

78

350문장 마스터

바둥   바둥

Today's Expressions

hang in there

버티다

hang이라는 단어는 '매달리다'의 의미입니다.
hang in there를 풀어 설명하면
벼랑 끝(there)에 몰린 사람이 끝까지 참고 견뎌서 잘 매달리라는(hang in) 뜻으로,
힘든 상황에 닥친 사람에게 건넬 수 있는 말이죠.

STEP 1

50문장 미리보기

오늘 공부할 내용을 살펴보세요. **시작부+중심부** 또는 **시작부+중심부+꾸밈부**를
연결하면 여러 가지 문장을 만들 수 있습니다.

시작부	중심부

Please

~하세요

061
buy an estate

땅을 사다

I have to

~해야 해

062
consider others

다른 사람을 생각하다

I want to

~하고 싶어

063
eat side dishes

안주를 먹다

You'd better

~하는 게 좋겠어/좋을 거야

064
enjoy one's glass

술을 즐기다

I don't want to

~하고 싶지 않아

065
get some rest

좀 쉬다

80

중심부	꾸밈부

066
hang in there
버티다

now
지금, 이제

067
issue a tax invoice
세금계산서를 발행하다

today
오늘

068
learn to drink
술을 배우다

honestly
솔직히

069
wait for a reply
답장을 기다리다

first of all
우선, 먼저

070
work freelance
프리랜서로 일하다

if possible
가능하다면

하루 50문장 말하기

시작부와 **중심부**를 연결하여 문장을 만들어 보세요.
하루에 중심부 10개만 공부하면 시작부 5개와 결합시켜 50문장을 말할 수 있습니다.

시작부	중심부 (1)
Please ~하세요	061 **buy an estate** 땅을 사다
I have to ~해야 해	062 **consider others** 다른 사람을 생각하다
I want to ~하고 싶어	063 **eat side dishes** 안주를 먹다
You'd better ~하는 게 좋겠어/좋을 거야	064 **enjoy one's glass** 술을 즐기다
I don't want to ~하고 싶지 않아	065 **get some rest** 좀 쉬다

	Please	**buy an estate**	땅을 사세요
		consider others	다른 사람을 생각하세요
		eat side dishes	안주를 드세요
		enjoy your glass	술을 즐기세요
		get some rest	좀 쉬세요
	I have to	buy an estate	땅을 사야 해
		consider others	다른 사람을 생각해야 해
		eat side dishes	안주를 먹어야 해
		enjoy my glass	술을 즐겨야 해
		get some rest	좀 쉬어야 해
	I want to	buy an estate	땅 사고 싶어
		consider others	다른 사람을 생각하고 싶어
		eat side dishes	안주 먹고 싶어
		enjoy my glass	술을 즐기고 싶어
		get some rest	좀 쉬고 싶어
	You'd better	buy an estate	땅을 사는 게 좋겠어
		consider others	다른 사람을 생각하는 게 좋겠어
		eat side dishes	안주를 먹는 게 좋겠어
		enjoy your glass	술을 즐기는 게 좋겠어
		get some rest	좀 쉬는 게 좋겠어
	I don't want to	buy an estate	땅을 사고 싶지 않아
		consider others	다른 사람은 생각하고 싶지 않아
		eat side dishes	안주는 먹고 싶지 않아
		enjoy my glass	술을 즐기고 싶지 않아
		get some rest	좀 쉬고 싶지 않아

다음 페이지에 계속됩니다.

시작부와 **중심부**를 연결하여 문장을 만들어 보세요.

시작부	중심부 (2)
Please ~하세요	066 **hang in there** 버티다
I have to ~해야 해	067 **issue a tax invoice** 세금계산서를 발행하다
I want to ~하고 싶어	068 **learn to drink** 술을 배우다
You'd better ~하는 게 좋겠어/좋을 거야	069 **wait for a reply** 답장을 기다리다
I don't want to ~하고 싶지 않아	070 **work freelance** 프리랜서로 일하다

큰 소리로 세 번씩 말해 보세요.

➡ 하루 50 문장 말하기 (2)

	Please	**hang in there**	버티세요
		issue a tax invoice	세금계산서를 발행하세요
		learn to drink	술을 배우세요
		wait for a reply	답장을 기다리세요
		work freelance	프리랜서로 일하세요

	I have to	hang in there	버텨야 해
		issue a tax invoice	세금계산서를 발행해야 해
		learn to drink	술을 배워야 해
		wait for a reply	답장을 기다려야 해
		work freelance	프리랜서로 일해야 해

	I want to	hang in there	버티고 싶어
		issue a tax invoice	세금계산서를 발행하고 싶어
		learn to drink	술을 배우고 싶어
		wait for a reply	답장을 기다리고 싶어
		work freelance	프리랜서로 일하고 싶어

	You'd better	hang in there	버티는 게 좋겠어
		issue a tax invoice	세금계산서를 발행하는 게 좋겠어
		learn to drink	술을 배우는 게 좋겠어
		wait for a reply	답장을 기다리는 게 좋겠어
		work freelance	프리랜서로 일하는 게 좋겠어

	I don't want to	hang in there	버티고 싶지 않아
		issue a tax invoice	세금계산서를 발행하고 싶지 않아
		learn to drink	술을 배우고 싶지 않아
		wait for a reply	답장을 기다리고 싶지 않아
		work freelance	프리랜서로 일하고 싶지 않아

좀 더 길게 말해 보기

시작부 + 중심부 뒤에 꾸밈부를 붙여서 좀 더 길게 말해 보세요.

시작부	중심부	꾸밈부

1 나 **오늘** 땅 사야 돼.　　　　　　　　　　　today

2 **지금은** 다른 사람 생각하고 싶지 않아.　　　now

3 **지금은** 안주 먹고 싶지 않아.　　　　　　　now

4 너 **오늘** 좀 쉬는 게 좋겠어.　　　　　　　today

5 **가능하다면** 버티세요.　　　　　　　　　if possible

6 **솔직히** 술을 배우고 싶어.　　　　　　　honestly

7 **우선** 답장을 기다리세요.　　　　　　　first of all

8 **솔직히** 프리랜서로 일하고 싶어.　　　　honestly

86

I have to buy an estate today.

I don't want to consider others now.

I don't want to eat side dishes now.

You'd better get some rest today.

Please hang in there if possible.

Honestly, I want to learn to drink.

First of all, please wait for a reply.

Honestly, I want to work freelance.

87

CHECK-UP

빈칸에 알맞은 말을 보기 중에서 골라 넣어 보세요.

enjoy your glass   wait for a reply

eat side dishes   work freelance   buy an estate

consider others   learn to drink   hang in there

get some rest   issue a tax invoice

1. 지금은 답장을 기다리세요.

   Please ⟨⟩ **now.**

2. 우선 난 좀 쉬어야 해.

   First of all, I have to ⟨⟩ **.**

3. 솔직히 난 버티고 싶어.

   Honestly, I want to ⟨⟩ **.**

4. 가능하면 땅을 사는 게 좋겠어.

   You'd better ⟨⟩ **if possible.**

5. 오늘은 안주 먹고 싶지 않아.

   I don't want to ⟨⟩ **today.**

복습 훈련 234쪽

400문장 마스터

set a goal

목표를 세우다

goal은 '골', '득점', 그리고 '목표'라는 뜻이 있어요.
어떤 일을 할 때 목표를 정한다면 과녁을 향한 화살처럼 정확하게 갈 수 있답니다.

50문장 미리보기

오늘 공부할 내용을 살펴보세요. **시작부+중심부** 또는 **시작부+중심부+꾸밈부**를
연결하면 여러 가지 문장을 만들 수 있습니다.

시작부	중심부

It's not easy to

~하는 건 쉽지 않아

071
become a member

회원이 되다

It's important to

~하는 건 중요해

072
enjoy working

일을 즐기다

I was just about to

~하려던 참이었어

073
find an investor

투자자를 찾다

All you have to do is

넌 ~만 하면 돼

074
get promoted

승진하다

If I were you, I would

내가 너라면 ~했을 거야

075
learn a new skill

새로운 기술을 배우다

중심부	꾸밈부

076

open one's own shop

가게를 열다

now

지금, 이제

077

pay in advance

미리 지불하다

actually

사실, 실은

078

save money

돈을 절약하다

these days

요즘

079

send one's resume

이력서를 보내다

over and over

반복해서, 계속해서

080

set a goal

목표를 세우다

as I told you before

전에 말했듯이

91

하루 50문장 말하기

시작부와 **중심부**를 연결하여 문장을 만들어 보세요.
하루에 중심부 10개만 공부하면 시작부 5개와 결합시켜 50문장을 말할 수 있습니다.

시작부	중심부 (1)

It's not easy to

~하는 건 쉽지 않아

071
become a member

회원이 되다

It's important to

~하는 건 중요해

072
enjoy working

일을 즐기다

I was just about to

~하려던 참이었어

073
find an investor

투자자를 찾다

All you have to do is

넌 ~만 하면 돼

074
get promoted

승진하다

If I were you, I would

내가 너라면 ~했을 거야

075
learn a new skill

새로운 기술을 배우다

큰 소리로 세 번씩 말해 보세요.

It's not easy to	become a member	회원이 되는 건 쉽지 않아
	enjoy working	일을 즐기는 건 쉽지 않아
	find an investor	투자자를 찾는 건 쉽지 않아
	get promoted	승진하는 건 쉽지 않아
	learn a new skill	새로운 기술을 배우는 건 쉽지 않아
It's important to	become a member	회원이 되는 건 중요해
	enjoy working	일을 즐기는 건 중요해
	find an investor	투자자를 찾는 건 중요해
	get promoted	승진하는 건 중요해
	learn a new skill	새로운 기술을 배우는 건 중요해
I was just about to	become a member	회원이 되려던 참이었어
	enjoy working	일을 즐기려던 참이었어
	find an investor	투자자를 찾으려던 참이었어
	get promoted	승진하려던 참이었어
	learn a new skill	새로운 기술을 배우려던 참이었어
All you have to do is	become a member	회원이 되기만 하면 돼
	enjoy working	일을 즐기기만 하면 돼
	find an investor	투자자를 찾기만 하면 돼
	get promoted	승진하기만 하면 돼
	learn a new skill	새로운 기술을 배우기만 하면 돼
If I were you, I would	become a member	내가 너라면 회원이 됐을 거야
	enjoy working	내가 너라면 일을 즐겼을 거야
	find an investor	내가 너라면 투자자를 찾았을 거야
	get promoted	내가 너라면 승진을 했을 거야
	learn a new skill	내가 너라면 새로운 기술을 배웠을 거야

💾 다음 페이지에 계속됩니다.

93

시작부와 **중심부**를 연결하여 문장을 만들어 보세요.

시작부	중심부 (2)

It's not easy to

~하는 건 쉽지 않아

076
open one's own shop

가게를 열다

It's important to

~하는 건 중요해

077
pay in advance

미리 지불하다

I was just about to

~하려던 참이었어

078
save money

돈을 절약하다

All you have to do is

넌 ~만 하면 돼

079
send one's resume

이력서를 보내다

If I were you, I would

내가 너라면 ~했을 거야

080
set a goal

목표를 세우다

	It's not easy to	open my own shop	내 가게를 여는 건 쉽지 않아
		pay in advance	미리 지불하는 건 쉽지 않아
		save money	돈을 절약하는 건 쉽지 않아
		send my resume	내 이력서를 보내는 건 쉽지 않아
		set a goal	목표를 세우는 건 쉽지 않아

	It's important to	open my own shop	내 가게를 여는 건 중요해
		pay in advance	미리 지불하는 건 중요해
		save money	돈을 절약하는 건 중요해
		send my resume	내 이력서를 보내는 게 중요해
		set a goal	목표를 세우는 건 중요해

	I was just about to	open my own shop	내 가게를 열려던 참이었어
		pay in advance	미리 지불하려던 참이었어
		save money	돈을 절약하려던 참이었어
		send my resume	내 이력서를 보내려던 참이었어
		set a goal	목표를 세우려던 참이었어

	All you have to do is	open your own shop	네 가게를 열기만 하면 돼
		pay in advance	미리 지불하기만 하면 돼
		save money	돈을 절약하기만 하면 돼
		send your resume	네 이력서를 보내기만 하면 돼
		set a goal	목표를 세우기만 하면 돼

	If I were you, I would	open my own shop	내가 너라면 내 가게를 열었을 거야
		pay in advance	내가 너라면 미리 지불했을 거야
		save money	내가 너라면 돈을 절약했을 거야
		send my resume	내가 너라면 내 이력서를 보냈을 거야
		set a goal	내가 너라면 목표를 세웠을 거야

좀 더 길게 말해 보기

시작부 + 중심부 뒤에 꾸밈부를 붙여서 좀 더 길게 말해 보세요.

시작부	중심부	꾸밈부

1 **실은** 회원이 되려던 참이었어. actually

2 내가 너라면 **계속해서** 일을 즐겼을 거야. over and over

3 **요즘** 투자자를 찾는 건 쉽지 않아. these days

4 **전에도 말했듯이** 승진하는 건 쉽지 않아. as I told you before

5 **사실** 미리 지불하려던 참이었어. actually

6 넌 **계속해서** 돈을 절약하기만 하면 돼. over and over

7 넌 **지금** 네 이력서를 보내기만 하면 돼. now

8 **전에도 말했듯이** 목표를 세우는 건 중요해. as I told you before

☐☐☐ Actually, I was just about to become a member.

☐☐☐ If I were you, I would enjoy working over and over.

☐☐☐ It's not easy to find an investor these days.

☐☐☐ As I told you before, it's not easy to get promoted.

☐☐☐ Actually, I was just about to pay in advance.

☐☐☐ All you have to do is save money over and over.

☐☐☐ All you have to do is send your resume now.

☐☐☐ As I told you before, it's important to set a goal.

CHECK-UP

빈칸에 알맞은 말을 보기 중에서 골라 넣어 보세요.

> open my own shop　　learn a new skill
>
> become a member　　save money　　enjoy working
>
> send my resume　　set a goal　　pay in advance
>
> get promoted　　find an investor

1. 요즘 승진하는 건 쉽지 않아.

   It's not easy to ⟨＿＿＿＿⟩ **these days.**

2. 사실 목표를 세우는 건 중요해.

   Actually, It's important to ⟨＿＿＿＿⟩ **.**

3. 지금 내 이력서를 보내려던 참이었어.

   I was just about to ⟨＿＿＿＿⟩ **now.**

4. 전에도 말했듯이 넌 일을 즐기기만 하면 돼.

   As I told you before, all you have to do is

   ⟨＿＿＿＿⟩ **.**

5. 내가 너라면 계속 돈을 절약했을 거야.

   If I were you, I would ⟨＿＿＿＿⟩ **over and over.**

1. get promoted　2. set a goal　3. send my resume　4. enjoy working　5. save money

📖 복습 훈련 236쪽

450문장 마스터

타 다 다 닥

Today's Expressions

meet the deadline

마감일에 맞추다

특히 회사에선 일을 할 때는 데드라인을 정해 놓고 하죠.
'마감일에 맞추다'는 meet the deadline과 under the wire
두 가지 표현이 있습니다.
마감 시간 직전에 간신히 끝내는 상황이라면 under the wire를 사용해 보세요.

50문장 미리보기

오늘 공부할 내용을 살펴보세요. **시작부+중심부** 또는 **시작부+중심부+꾸밈부**를 연결하면 여러 가지 문장을 만들 수 있습니다.

시작부	중심부
Can I ~? ~해도 돼?	081 **call a taxi** 택시를 부르다
Can you ~? ~할 수 있어?	082 **come to the office** 사무실에 오다
Will you ~? ~할 거야?	083 **drink draft beer** 생맥주를 마시다
Do you want to ~? ~하고 싶어?	084 **get a receipt** 영수증을 받다
Why don't you ~? ~하지 그래?, ~하는 게 어때?	085 **give someone some advice** ~에게 충고를 하다

MP3 듣기

중심부	꾸밈부

086

meet the deadline

마감일에 맞추다

now

지금, 이제

087

open an account

계좌를 만들다

here

여기

088

put on a uniform

유니폼을 입다

today

오늘

089

use a company credit card

법인 카드를 쓰다

after work

퇴근 후, 일 끝나고

090

work as an intern

인턴으로 일하다

near the company

회사 근처에

off

101

하루 50문장 말하기

시작부와 **중심부**를 연결하여 문장을 만들어 보세요.
하루에 중심부 10개만 공부하면 시작부 5개와 결합시켜 50문장을 말할 수 있습니다.

시작부	중심부 (1)

Can I ~?

〜해도 돼?

081 **call a taxi**

택시를 부르다

Can you ~?

〜할 수 있어?

082 **come to the office**

사무실에 오다

Will you ~?

〜할 거야?

083 **drink draft beer**

생맥주를 마시다

Do you want to ~?

〜하고 싶어?

084 **get a receipt**

영수증을 받다

Why don't you ~?

〜하지 그래?, 〜하는 게 어때?

085 **give someone some advice**

〜에게 충고를 하다

큰 소리로 세 번씩 말해 보세요.

➡ 하루 50 문장 말하기 (1)

Can I	**call a taxi?**	택시 불러도 돼?
	come to the office?	사무실에 와도 돼?
	drink draft beer?	생맥주 마셔도 돼?
	get a receipt?	영수증 받아도 돼?
	give you some advice?	너한테 충고 좀 해도 돼?

Can you	call a taxi?	택시를 부를 수 있어?
	come to the office?	사무실에 올 수 있어?
	drink draft beer?	생맥주 마실 수 있어?
	get a receipt?	영수증 받을 수 있어?
	give me some advice?	나한테 충고 좀 해 줄 수 있어?

Will you	call a taxi?	택시 부를 거야?
	come to the office?	사무실에 올 거야?
	drink draft beer?	생맥주 마실 거야?
	get a receipt?	영수증을 받을 거야?
	give him some advice?	그 남자한테 충고할 거야?

Do you want to	call a taxi?	택시 부르고 싶어?
	come to the office?	사무실에 오고 싶어?
	drink draft beer?	생맥주 마시고 싶어?
	get a receipt?	영수증 받고 싶어?
	give her some advice?	그 여자한테 충고하고 싶어?

Why don't you	call a taxi?	택시를 부르는 게 어때?
	come to the office?	사무실에 오는 게 어때?
	drink draft beer?	생맥주 마시지 그래?
	get a receipt?	영수증을 받지 그래?
	give them some advice?	걔네들한테 충고 좀 하지 그래?

🔁 다음 페이지에 계속됩니다.

103

STEP
2-2   **시작부**와 **중심부**를 연결하여 문장을 만들어 보세요.

시작부	중심부 (2)
Can I ~? ~해도 돼?	086 **meet the deadline** 마감일에 맞추다
Can you ~? ~할 수 있어?	087 **open an account** 계좌를 만들다
Will you ~? ~할 거야?	088 **put on a uniform** 유니폼을 입다
Do you want to ~? ~하고 싶어?	089 **use a company credit card** 법인 카드를 쓰다
Why don't you ~? ~하지 그래?, ~하는 게 어때?	090 **work as an intern** 인턴으로 일하다

104

큰 소리로 세 번씩 말해 보세요.

Can I	meet the deadline?	마감일에 맞춰도 돼?
	open an account?	계좌를 만들어도 돼?
	put on a uniform?	유니폼 입어도 돼?
	use a company credit card?	법인 카드 써도 돼?
	work as an intern?	인턴으로 일해도 돼?

Can you	meet the deadline?	마감일에 맞출 수 있어?
	open an account?	계좌를 만들 수 있어?
	put on a uniform?	유니폼을 입을 수 있어?
	use a company credit card?	법인 카드 쓸 수 있어?
	work as an intern?	인턴으로 일할 수 있어?

Will you	meet the deadline?	마감일에 맞출 거야?
	open an account?	계좌를 만들 거야?
	put on a uniform?	유니폼을 입을 거야?
	use a company credit card?	법인 카드 쓸 거야?
	work as an intern?	인턴으로 일할 거야?

Do you want to	meet the deadline?	마감일에 맞추고 싶어?
	open an account?	계좌를 만들고 싶어?
	put on a uniform?	유니폼을 입고 싶어?
	use a company credit card?	법인 카드 쓰고 싶어?
	work as an intern?	인턴으로 일하고 싶어?

Why don't you	meet the deadline?	마감일에 맞추는 게 어때?
	open an account?	계좌를 만들지 그래?
	put on a uniform?	유니폼을 입지 그래?
	use a company credit card?	법인 카드를 쓰는 게 어때?
	work as an intern?	인턴으로 일하는 게 어때?

105

좀 더 길게 말해 보기

시작부 + **중심부** 뒤에 **꾸밈부**를 붙여서 좀 더 길게 말해 보세요.

시작부	중심부	꾸밈부

1 **지금** 택시 불러도 돼? — now

2 **오늘** 사무실에 올 거야? — today

3 **회사 근처에서** 생맥주 마시는 게 어때? — near the company

4 **지금** 그 남자한테 충고 좀 해 주지 그래? — now

5 **오늘** 마감일에 맞출 수 있어? — today

6 **일 끝나고** 계좌 만들 거야? — after work

7 **여기서** 법인 카드 써도 돼? — here

8 **여기서** 인턴으로 일하고 싶어? — here

□□□ Can I call a taxi **now?**

□□□ Will you come to the office **today?**

□□□ Why don't you drink draft beer **near the company?**

□□□ Why don't you give him some advice **now?**

□□□ Can you meet the deadline **today?**

□□□ Will you open an account **after work?**

□□□ Can I use a company credit card **here?**

□□□ Do you want to work as an intern **here?**

CHECK-UP

빈칸에 알맞은 말을 보기 중에서 골라 넣어 보세요.

use a company credit card

give you some advice

drink draft beer

call a taxi

open an account

work as an intern

get a receipt

put on a uniform

meet the deadline

come to the office

1. 여기서 계좌 만들어도 돼?

   Can I ⟨_____⟩ **here?**

2. 일 끝나고 사무실에 올 수 있어?

   Can you ⟨_____⟩ **after work?**

3. 오늘 유니폼 입을 거야?

   Will you ⟨_____⟩ **today?**

4. 지금 법인 카드 쓰고 싶어?

   Do you want to ⟨_____⟩ **now?**

5. 회사 근처에서 택시를 부르는 게 어때?

   Why don't you ⟨_____⟩ **near the company?**

1. open an account   2. come to the office   3. put on a uniform   4. use a company credit card
5. call a taxi

 복습 훈련 238쪽

108

500문장 마스터

lose face

체면을 잃다

회사 생활을 하다 보면 얼굴을 들 수가 없을 정도로 체면이 깎일 때가 있죠.
'체면을 잃다'를 lose face라고 하는데,
이와 반대로 '체면을 세우다'는 save face라고 합니다.

STEP
1

50문장 미리보기

오늘 공부할 내용을 살펴보세요. **시작부+중심부** 또는 **시작부+중심부+꾸밈부**를
연결하면 여러 가지 문장을 만들 수 있습니다.

시작부	중심부

Did you ~?

~했어?

091
bring one's car

차를 가져오다

I told you not to

내가 ~하지 말라고 했잖아

092
check the number

번호를 확인하다

I didn't

~하지 않았어

093
download a file

파일을 다운받다

I couldn't

~할 수 없었어

094
drink the cup dry

잔을 비우다

I (과거형)

~했어

095
get a package

소포를 받다

110

중심부	꾸밈부

096

give someone a ride

~를 (차로) 태워다 주다

today

오늘

097

have a meeting

회의를 하다

at that time

그때, 그 당시

098

live in company housing

사택에 살다

this morning

오늘 아침

099

lose face

체면을 잃다

while on duty

근무 중에

100

order goods

상품을 주문하다

a little while ago

아까, 조금 전에

하루 50문장 말하기

시작부와 **중심부**를 연결하여 문장을 만들어 보세요.
하루에 중심부 10개만 공부하면 시작부 5개와 결합시켜 50문장을 말할 수 있습니다.

시작부	중심부 (1)

Did you ~?

~했어?

091
bring one's car

차를 가져오다

I told you not to

내가 ~하지 말라고 했잖아

092
check the number

번호를 확인하다

I didn't

~하지 않았어

093
download a file

파일을 다운받다

I couldn't

~할 수 없었어

094
drink the cup dry

잔을 비우다

I (과거형)

~했어

095
get a package

소포를 받다

112

큰 소리로 세 번씩 말해 보세요.

➡ 하루 50 문장 말하기 (1)

☐☐☐	**Did you**	**bring your car?**	네 차 가져왔어?
☐☐☐		check the number?	번호 확인했어?
☐☐☐		download a file?	파일 다운받았어?
☐☐☐		drink the cup dry?	잔 비웠어?
☐☐☐		get a package?	소포 받았어?
☐☐☐	**I told you not to**	bring your car	네 차 가져오지 말라고 했잖아
☐☐☐		**check the number**	번호를 확인하지 말라고 했잖아
☐☐☐		download a file	파일을 다운받지 말라고 했잖아
☐☐☐		drink the cup dry	잔을 비우지 말라고 했잖아
☐☐☐		get a package	소포를 받지 말라고 했잖아
☐☐☐	**I didn't**	bring my car	내 차 안 가져왔어
☐☐☐		check the number	번호 확인 안 했어
☐☐☐		**download a file**	파일 다운받지 않았어
☐☐☐		drink the cup dry	잔 안 비웠어
☐☐☐		get a package	소포 안 받았어
☐☐☐	**I couldn't**	bring my car	내 차를 가져올 수 없었어
☐☐☐		check the number	번호를 확인할 수 없었어
☐☐☐		download a file	파일을 다운받을 수 없었어
☐☐☐		**drink the cup dry**	잔을 비울 수 없었어
☐☐☐		get a package	소포를 받을 수 없었어
☐☐☐	**I** (과거형)	brought my car	나 차 가져왔어
☐☐☐		checked the number	번호 확인했어
☐☐☐		downloaded a file	파일 다운받았어
☐☐☐		drank the cup dry	잔 비웠어
☐☐☐		**got a package**	소포 받았어

🔄 다음 페이지에 계속됩니다.

시작부와 **중심부**를 연결하여 문장을 만들어 보세요.

시작부	중심부 (2)

Did you ~?

~했어?

096
give someone a ride

~를 (차로) 태워다 주다

I told you not to

내가 ~하지 말라고 했잖아

097
have a meeting

회의를 하다

I didn't

~하지 않았어

098
live in company housing

사택에 살다

I couldn't

~할 수 없었어

099
lose face

체면을 잃다

I (과거형)

~했어

100
order goods

상품을 주문하다

큰 소리로 세 번씩 말해 보세요.

Did you	**give her a ride?**	그녀를 차로 데려다 줬어?
	have a meeting?	회의했어?
	live in company housing?	사택에 살았어?
	lose face?	체면을 잃었어?
	order goods?	상품 주문했어?

I told you not to	give him a ride	그를 차에 태워 주지 말라고 했잖아
	have a meeting	회의하지 말라고 했잖아
	live in company housing	사택에 살지 말라고 했잖아
	lose face	체면을 잃지 말라고 했잖아
	order goods	상품을 주문하지 말라고 했잖아

I didn't	give her a ride	그녀를 차에 안 태워 줬어
	have a meeting	회의 안 했어
	live in company housing	사택에 살지 않았어
	lose face	체면을 잃지 않았어
	order goods	상품 주문 안 했어

I couldn't	give him a ride	그를 차에 태워 줄 수 없었어
	have a meeting	회의를 할 수 없었어
	live in company housing	사택에 살 수 없었어
	lose face	체면을 잃을 수 없었어
	order goods	상품을 주문할 수 없었어

I (과거형)	gave them a ride	걔네를 차에 태워 줬어
	had a meeting	회의했어
	lived in company housing	사택에 살았어
	lost face	체면을 잃었어
	ordered goods	상품 주문했어

115

좀 더 길게 말해 보기

시작부 + 중심부 뒤에 **꾸밈부**를 붙여서 좀 더 길게 말해 보세요.

시작부	중심부	꾸밈부

1 내가 **그때** 네 차 가져오지 말라고 했잖아.   at that time

2 **조금 전에** 번호 확인했어?   a little while ago

3 **그때** 파일을 다운 받을 수 없었어.   at that time

4 내가 **조금 전에** 잔 비우지 말라고 했잖아.   a little while ago

5 **근무 중에** 소포 받았어.   while on duty

6 **오늘** 회의 안 했어.   today

7 **그 당시에** 난 사택에 살았어.   at that time

8 **오늘 아침에** 상품 주문했어?   this morning

116

☐☐☐ I told you not to bring your car at that time.

☐☐☐ Did you check the number a little while ago?

☐☐☐ I couldn't download a file at that time.

☐☐☐ I told you not to drink the cup dry a little while ago.

☐☐☐ I got a package while on duty.

☐☐☐ I didn't have a meeting today.

☐☐☐ I lived in company housing at that time.

☐☐☐ Did you order goods this morning?

CHECK-UP

빈칸에 알맞은 말을 보기 중에서 골라 넣어 보세요.

> live in company housing
> gave her a ride
> check the number
> lose face
> bring your car
> get a package
> have a meeting
> download a file
> drink the cup dry
> order goods

1. 오늘 아침에 소포 받았어?
   Did you ⟨　　　　　　　⟩ this morning?

2. 내가 오늘 너 차 가져오지 말라고 했잖아.
   I told you not to ⟨　　　　　　　⟩ today.

3. 조금 전에 상품 주문 안 했어.
   I didn't ⟨　　　　　　　⟩ a little while ago.

4. 근무 중에 번호를 확인할 수 없었어.
   I couldn't ⟨　　　　　　　⟩ while on duty.

5. 내가 그때 그 여자 태워다 줬어.
   I ⟨　　　　　　　⟩ at that time.

1. get a package　2. bring your car　3. order goods　4. check the number　5. gave her a ride

550문장 마스터

Today's Expressions

foot the bill

비용을 부담하다

15세기에는 foot이 '숫자를 합산하다'라는 뜻으로 쓰였습니다.
식당에서 손님이 웨이터에게 foot the bill이라고 말하면,
각 항목별 금액을 꼼꼼히 계산한다는 의미이죠.

"내가 낼게."라고 할 때 It's on me.나 I'll treat you.
또는 I'll pick up the tab.이라고도 할 수 있습니다.

STEP 1

50문장 미리보기

오늘 공부할 내용을 살펴보세요. **시작부+중심부** 또는 **시작부+중심부+꾸밈부**를
연결하면 여러 가지 문장을 만들 수 있습니다.

시작부	중심부

I can
~할 수 있어

101 **buy a house**
집을 사다

I'm going to
~하려고

102 **complain about the service**
서비스에 대해 항의하다

I'm not going to
~ 안 하려고

103 **dine with coworkers**
회식을 하다

Let's
~하자

104 **foot the bill**
비용을 부담하다

Don't
~하지 마

105 **make a living**
생활비를 벌다

120

중심부	꾸밈부

106

take annual leave

연차 휴가를 내다

today

오늘

107

talk about politics

정치에 대해 얘기하다

first of all

우선, 먼저

108

try to understand

이해하려고 노력하다

anymore

더 이상

109

wait for a long time

오래 기다리다

if you want

네가 원한다면

110

work for a company

회사를 다니다

over and over

반복해서, 계속해서

하루 50문장 말하기

시작부와 **중심부**를 연결하여 문장을 만들어 보세요.
하루에 중심부 10개만 공부하면 시작부 5개와 결합시켜 50문장을 말할 수 있습니다.

시작부	중심부 (1)

I can

~할 수 있어

101
buy a house

집을 사다

I'm going to

~하려고

102
complain about the service

서비스에 대해 항의하다

I'm not going to

~ 안 하려고

103
dine with coworkers

회식을 하다

Let's

~하자

104
foot the bill

비용을 부담하다

Don't

~하지 마

105
make a living

생활비를 벌다

 하루 **50** 문장 말하기 (1)

큰 소리로 세 번씩 말해 보세요.

I can	**buy a house**	집을 살 수 있어
	complain about the service	서비스에 대해 항의할 수 있어
	dine with coworkers	회식할 수 있어
	foot the bill	비용 부담할 수 있어
	make a living	생활비를 벌 수 있어
I'm going to	buy a house	집을 사려고
	complain about the service	서비스에 대해 항의하려고
	dine with coworkers	회식하려고
	foot the bill	비용을 부담하려고
	make a living	생활비를 벌려고
I'm not going to	buy a house	집 안 사려고
	complain about the service	서비스에 대해 항의 안 하려고
	dine with coworkers	회식 안 하려고
	foot the bill	비용 부담 안 하려고
	make a living	생활비 안 벌려고
Let's	buy a house	집을 사자
	complain about the service	서비스에 대해 항의하자
	dine with coworkers	회식을 하자
	foot the bill	비용을 부담하자
	make a living	생활비를 벌자
Don't	buy a house	집 사지 마
	complain about the service	서비스에 대해 항의하지 마
	dine with coworkers	회식하지 마
	foot the bill	비용 부담하지 마
	make a living	생활비 벌지 마

📱 다음 페이지에 계속됩니다.

123

시작부와 **중심부**를 연결하여 문장을 만들어 보세요.

시작부	중심부 (2)

I can

~할 수 있어

106
take annual leave

연차 휴가를 내다

I'm going to

~하려고

107
talk about politics

정치에 대해 얘기하다

I'm not going to

~ 안 하려고

108
try to understand

이해하려고 노력하다

Let's

~하자

109
wait for a long time

오래 기다리다

Don't

~하지 마

110
work for a company

회사를 다니다

124

큰 소리로 세 번씩 말해 보세요.

➡ 하루 50 문장 말하기 (2)

I can	**take annual leave**	연차 휴가 낼 수 있어
	talk about politics	정치에 대해 얘기할 수 있어
	try to understand	이해하려고 노력할 수 있어
	wait for a long time	오래 기다릴 수 있어
	work for a company	회사에 다닐 수 있어
I'm going to	take annual leave	연차 휴가 내려고
	talk about politics	정치에 대해 얘기하려고
	try to understand	이해하려고 노력하려고
	wait for a long time	오래 기다리려고
	work for a company	회사에 다니려고
I'm not going to	take annual leave	연차 휴가 안 내려고
	talk about politics	정치에 대해 얘기하지 않으려고
	try to understand	이해하려고 노력하지 않으려고
	wait for a long time	오래 안 기다리려고
	work for a company	회사 안 다니려고
Let's	take annual leave	연차 휴가를 내자
	talk about politics	정치에 대해 얘기하자
	try to understand	이해하려고 노력하자
	wait for a long time	오래 기다리자
	work for a company	회사에 다니자
Don't	take annual leave	연차 휴가 내지 마
	talk about politics	정치에 대해 얘기하지 마
	try to understand	이해하려고 노력하지 마
	wait for a long time	오래 기다리지 마
	work for a company	회사에 다니지 마

STEP 3

좀 더 길게 말해 보기
시작부 + 중심부 뒤에 **꾸밈부**를 붙여서 좀 더 길게 말해 보세요.

시작부	중심부	꾸밈부

1   **네가 원한다면** 집을 살 수 있어.　　　　**if you want**

2   **더 이상** 서비스에 대해 항의하지 마.　　　**anymore**

3   나 **더 이상** 회식 안 하려고.　　　　　　**anymore**

4   **네가 원한다면** 내가 비용을 부담할 수 있어.　**if you want**

5   **계속해서** 생활비를 벌려고.　　　　　**over and over**

6   **오늘** 연차 휴가 내려고.　　　　　　　　**today**

7   **우선** 정치에 대해 얘기하자.　　　　　**first of all**

8   **계속해서** 회사 다닐 수 있어.　　　　**over and over**

☐☐☐ I can buy a house if you want.

☐☐☐ Don't complain about the service anymore.

☐☐☐ I'm not going to dine with coworkers anymore.

☐☐☐ I can foot the bill if you want.

☐☐☐ I'm going to make a living over and over.

☐☐☐ I'm going to take annual leave today.

☐☐☐ First of all, let's talk about politics.

☐☐☐ I can work for a company over and over.

127

빈칸에 알맞은 말을 보기 중에서 골라 넣어 보세요.

> complain about the service   dine with coworkers
>
> talk about politics   foot the bill   buy a house
>
> take annual leave   make a living   try to understand
>
> wait for a long time   work for a company

1. 네가 원한다면 생활비를 벌 수 있어.

   I can ⟨_____⟩ **if you want.**

2. 우선 연차 휴가를 내려고.

   First of all, I'm going to ⟨_____⟩ **.**

3. 계속해서 정치에 대해 얘기 안 하려고.

   I'm not going to ⟨_____⟩ **over and over.**

4. 오늘 회식하자.

   Let's ⟨_____⟩ **today.**

5. 더 이상 비용을 부담하지 마.

   Don't ⟨_____⟩ **anymore.**

600문장 마스터

이제 본론으로 들어가죠!

Today's Expressions

get down to business

본론으로 들어가다

곧바로 본론으로 들어가기에는 좀 어색하기 때문에
날씨 이야기, 안부 묻기 등 핵심과는 거리가 있는 내용으로 대화를 시작하죠.
그러다 본론으로 들어가고 싶은 타이밍이 되었을 때 쓸 수 있는 표현입니다.
사업 파트너는 물론 친한 사이에서도 쓸 수 있죠.

50문장 미리보기

오늘 공부할 내용을 살펴보세요. **시작부+중심부** 또는 **시작부+중심부+꾸밈부**를
연결하면 여러 가지 문장을 만들 수 있습니다.

시작부	중심부

Please

~하세요

111
ask someone for advice

~에게 조언을 구하다

I have to

~해야 해

112
enjoy one's vacation

휴가를 즐기다

I'd like to

~하고 싶어요

113
get down to business

본론으로 들어가다

You'd better

~하는 게 좋겠어/좋을 거야

114
give someone a chance

~에게 기회를 주다

I wouldn't like to

~하고 싶지 않아요

115
learn good manners

예의를 배우다

중심부	꾸밈부

116

live near the station

역 근처에 살다

now

지금, 이제

117

prepare for the presentation

발표 준비를 하다

honestly

솔직히

118

quit one's job

직장을 그만두다

anymore

더 이상

119

wait the result

결과를 기다리다

if possible

가능하다면

120

work as a temp

계약직으로 일하다

over and over

반복해서, 계속해서

하루 50문장 말하기

시작부와 **중심부**를 연결하여 문장을 만들어 보세요.
하루에 중심부 10개만 공부하면 시작부 5개와 결합시켜 50문장을 말할 수 있습니다.

시작부	중심부 (1)

Please

~하세요

111
ask someone for advice

~에게 조언을 구하다

I have to

~해야 해

112
enjoy one's vacation

휴가를 즐기다

I'd like to

~하고 싶어요

113
get down to business

본론으로 들어가다

You'd better

~하는 게 좋겠어/좋을 거야

114
give someone a chance

~에게 기회를 주다

I wouldn't like to

~하고 싶지 않아요

115
learn good manners

예의를 배우다

➡ 하루 50 문장 말하기 (1)

Please	**ask them for advice**	그 사람들에게 조언을 구하세요
	enjoy your vacation	휴가를 즐기세요
	get down to business	본론으로 들어가세요
	give me a chance	저에게 기회를 주세요
	learn good manners	예의를 배우세요
I have to	ask him for advice	그에게 조언을 구해야 해
	enjoy my vacation	내 휴가 즐겨야 해
	get down to business	본론으로 들어가야 해
	give him a chance	그에게 기회를 줘야 해
	learn good manners	예의를 배워야 해
I'd like to	ask her for advice	그녀에게 조언을 구하고 싶어요
	enjoy my vacation	제 휴가를 즐기고 싶어요
	get down to business	본론으로 들어가고 싶어요
	give her a chance	그녀에게 기회를 주고 싶어요
	learn good manners	예의를 배우고 싶어요
You'd better	ask him for advice	그에게 조언을 구하는 게 좋겠어
	enjoy your vacation	휴가 즐기는 게 좋을 거야
	get down to business	본론으로 들어가는 게 좋을 거야
	give them a chance	그들에게 기회를 주는 게 좋겠어
	learn good manners	예의를 배우는 게 좋겠어
I wouldn't like to	ask you for advice	당신한테 조언을 구하고 싶지 않아요
	enjoy my vacation	제 휴가를 즐기고 싶지 않아요
	get down to business	본론으로 들어가고 싶지 않아요
	give him a chance	그 남자에게 기회를 주고 싶지 않아요
	learn good manners	예의를 배우고 싶지 않아요

🔳 다음 페이지에 계속됩니다.

133

시작부와 **중심부**를 연결하여 문장을 만들어 보세요.

시작부	중심부 (2)

Please

~하세요

116
live near the station

역 근처에 살다

I have to

~해야 해

117
prepare for the presentation

발표 준비를 하다

I'd like to

~하고 싶어요

118
quit one's job

직장을 그만두다

You'd better

~하는 게 좋겠어/좋을 거야

119
wait the result

결과를 기다리다

I wouldn't like to

~하고 싶지 않아요

120
work as a temp

계약직으로 일하다

➡ 하루 50 문장 말하기 (2)

큰 소리로 세 번씩 말해 보세요.

☐☐☐	**Please**	**live near the station**	역 근처에 사세요
☐☐☐		prepare for the presentation	발표를 준비하세요
☐☐☐		quit your job	당신 직장을 그만두세요
☐☐☐		wait the result	결과를 기다리세요
☐☐☐		work as a temp	계약직으로 일하세요
☐☐☐	**I have to**	live near the station	역 근처에 살고 싶어요
☐☐☐		**prepare for the presentation**	발표를 준비하고 싶어요
☐☐☐		quit my job	전 직장 그만두고 싶어요
☐☐☐		wait the result	결과를 기다리고 싶어요
☐☐☐		work as a temp	계약직으로 일하고 싶어요
☐☐☐	**I'd like to**	live near the station	역 근처에 살고 싶어요
☐☐☐		prepare for the presentation	발표 준비하고 싶어요
☐☐☐		**quit my job**	직장을 그만두고 싶어요
☐☐☐		wait the result	결과를 기다리고 싶어요
☐☐☐		work as a temp	계약직으로 일하고 싶어요
☐☐☐	**You'd better**	live near the station	역 근처에 사는 게 좋을 거야
☐☐☐		prepare for the presentation	발표 준비를 하는 게 좋겠어
☐☐☐		quit your job	너 직장을 그만두는 게 좋을 거야
☐☐☐		**wait the result**	결과를 기다리는 게 좋을 거야
☐☐☐		work as a temp	계약직으로 일하는 게 좋을 거야
☐☐☐	**I wouldn't like to**	live near the station	역 근처에 살고 싶지 않아요
☐☐☐		prepare for the presentation	발표 준비를 하고 싶지 않아요
☐☐☐		quit my job	직장을 그만두고 싶지 않아요
☐☐☐		wait the result	결과를 기다리고 싶지 않아요
☐☐☐		**work as a temp**	계약직으로 일하고 싶지 않아요

135

시작부	중심부	꾸밈부

1 **가능하다면** 그에게 조언을 구하는 게 좋을 거야.   **if possible**

2 **계속해서** 당신의 휴가를 즐기세요.   **over and over**

3 **솔직히** 그 남자에게 기회를 주고 싶지 않아요.   **honestly**

4 **가능하면** 역 근처에 살고 싶어요.   **if possible**

5 난 **지금** 발표 준비해야 해.   **now**

6 **솔직히** 저 직장 그만두고 싶어요.   **honestly**

7 **계속해서** 결과를 기다려 주세요.   **over and over**

8 **더 이상** 계약직으로 일하고 싶지 않아요.   **anymore**

☐☐☐ You'd better ask him for advice if possible.

☐☐☐ Please enjoy your vacation over and over.

☐☐☐ Honestly, I wouldn't like to give him a chance.

☐☐☐ I'd like to live near the station if possible.

☐☐☐ I have to prepare for the presentation now.

☐☐☐ Honestly, I'd like to quit my job.

☐☐☐ Please wait the result over and over.

☐☐☐ I wouldn't like to work as a temp anymore.

CHECK-UP 빈칸에 알맞은 말을 보기 중에서 골라 넣어 보세요.

prepare for the presentation	get down to business
quit my job	learn good manners	wait the result
enjoy my vacation	ask them for advice	work as a temp
live near the station	give me a chance

1. 가능하다면 저에게 기회를 주세요.

   Please ⟨⟩ **if possible.**

2. 이제 결과를 기다려야 해.

   I have to ⟨⟩ **now.**

3. 솔직히 역 근처에 살고 싶어요.

   Honestly, I'd like to ⟨⟩ **.**

4. 계속해서 그 사람들에게 조언을 구하는 게 좋을 거야.

   You'd better ⟨⟩ **over and over.**

5. 저 더 이상 직장 그만두고 싶지 않아요.

   I wouldn't like to ⟨⟩ **anymore.**

1. give me a chance 2. wait the result 3. live near the station 4. ask them for advice
5. quit my job

📱 복습 훈련 244쪽

138

13

650문장 마스터

나도 그렇게 생각해

Today's Expressions

see eye to eye

같은 의견을 갖다

말 그대로 눈높이를 맞추어 서로의 눈을 쳐다본다는 뜻입니다.
어떤 문제에 대해 같은 수준에서 눈과 눈을 마주하여 같이 나눈다,
즉 '의견 일치를 보다'라는 뜻으로 쓰인답니다.

50문장 미리보기

오늘 공부할 내용을 살펴보세요. **시작부+중심부** 또는 **시작부+중심부+꾸밈부**를 연결하면 여러 가지 문장을 만들 수 있습니다.

시작부	중심부
It's not easy to ~하는 건 쉽지 않아	121 **look for a job** 일자리를 찾다
It's important to ~하는 건 중요해	122 **negotiate the price** 가격을 협상하다
I'm trying to ~하려고 노력 중이야	123 **pay a fine** 벌금을 내다
All you have to do is 넌 ~만 하면 돼	124 **read an article** 기사를 읽다
If I were you, I would 내가 너라면 ~했을 거야	125 **save a file** 파일을 저장하다

중심부	꾸밈부

126

say for sure

확실하게 말하다

now

지금, 이제

127

see eye to eye

같은 의견을 갖다

actually

사실, 실은

128

study the market

시장 조사를 하다

every day

매일

129

succeed in business

사업에 성공하다

these days

요즘

130

understand the concept

개념을 파악하다

as I told you before

전에 말했듯이

하루 50문장 말하기

시작부와 **중심부**를 연결하여 문장을 만들어 보세요.
하루에 중심부 10개만 공부하면 시작부 5개와 결합시켜 50문장을 말할 수 있습니다.

시작부	중심부 (1)

It's not easy to

~하는 건 쉽지 않아

121
look for a job

일자리를 찾다

It's important to

~하는 건 중요해

122
negotiate the price

가격을 협상하다

I'm trying to

~하려고 노력 중이야

123
pay a fine

벌금을 내다

All you have to do is

넌 ~만 하면 돼

124
read an article

기사를 읽다

If I were you, I would

내가 너라면 ~했을 거야

125
save a file

파일을 저장하다

142

큰 소리로 세 번씩 말해 보세요.

It's not easy to	look for a job	일자리를 찾는 건 쉽지 않아
	negotiate the price	가격 협상하는 건 쉽지 않아
	pay a fine	벌금 내는 건 쉽지 않아
	read an article	기사를 읽는 건 쉽지 않아
	save a file	파일을 저장하는 건 쉽지 않아

It's important to	look for a job	일자리를 찾는 건 중요해
	negotiate the price	가격을 협상하는 건 중요해
	pay a fine	벌금을 내는 건 중요해
	read an article	기사를 읽는 건 중요해
	save a file	파일을 저장하는 건 중요해

I'm trying to	look for a job	일자리를 찾으려고 노력 중이야
	negotiate the price	가격을 협상하려고 노력 중이야
	pay a fine	벌금을 내려고 노력 중이야
	read an article	기사를 읽으려고 노력 중이야
	save a file	파일을 저장하려고 노력 중이야

All you have to do is	look for a job	일자리만 찾으면 돼
	negotiate the price	가격만 협상하면 돼
	pay a fine	벌금만 내면 돼
	read an article	기사만 읽으면 돼
	save a file	파일만 저장하면 돼

If I were you, I would	look for a job	내가 너라면 일자리를 찾았을 거야
	negotiate the price	내가 너라면 가격을 협상했을 거야
	pay a fine	내가 너라면 벌금을 냈을 거야
	read an article	내가 너라면 기사를 읽었을 거야
	save a file	내가 너라면 파일을 저장했을 거야

📄 다음 페이지에 계속됩니다.

143

시작부와 **중심부**를 연결하여 문장을 만들어 보세요.

시작부	중심부 (2)

It's not easy to

~하는 건 쉽지 않아

126
say for sure

확실하게 말하다

It's important to

~하는 건 중요해

127
see eye to eye

같은 의견을 갖다

I'm trying to

~하려고 노력 중이야

128
study the market

시장 조사를 하다

All you have to do is

넌 ~만 하면 돼

129
succeed in business

사업에 성공하다

If I were you, I would

내가 너라면 ~했을 거야

130
understand the concept

개념을 파악하다

It's not easy to	say for sure	확실하게 말하는 건 쉽지 않아
	see eye to eye	같은 의견을 갖긴 쉽지 않아
	study the market	시장 조사 하는 건 쉽지 않아
	succeed in business	사업에 성공하는 건 쉽지 않아
	understand the concept	개념을 파악하는 건 쉽지 않아
It's important to	say for sure	확실하게 말하는 게 중요해
	see eye to eye	같은 의견을 갖는 건 중요해
	study the market	시장 조사 하는 건 중요해
	succeed in business	사업에 성공하는 건 중요해
	understand the concept	개념을 파악하는 건 중요해
I'm trying to	say for sure	확실하게 말하려고 노력 중이야
	see eye to eye	같은 의견을 가지려고 노력 중이야
	study the market	시장 조사 하려고 노력 중이야
	succeed in business	사업에 성공하려고 노력 중이야
	understand the concept	개념을 파악하려고 노력 중이야
All you have to do is	say for sure	확실히만 말하면 돼
	see eye to eye	같은 의견이기만 하면 돼
	study the market	시장 조사만 하면 돼
	succeed in business	사업만 성공하면 돼
	understand the concept	개념만 파악하면 돼
If I were you, I would	say for sure	내가 너라면 확실하게 말했을 거야
	see eye to eye	내가 너라면 같은 의견이었을 거야
	study the market	내가 너라면 시장 조사를 했을 거야
	succeed in business	내가 너라면 사업에 성공했을 거야
	understand the concept	내가 너라면 개념을 파악했을 거야

145

좀 더 길게 말해 보기

시작부 + 중심부 뒤에 **꾸밈부**를 붙여서 좀 더 길게 말해 보세요.

시작부	중심부	꾸밈부

1. **요즘** 일자리를 찾는 건 쉽지 않아.   these days

2. **지금** 가격을 협상하려고 노력 중이야.   now

3. **전에도 말했듯이** 기사를 읽는 건 중요해.   as I told you before

4. **매일** 파일을 저장하려고 노력 중이야.   every day

5. 내가 너라면 **매일** 시장 조사를 했을 거야.   every day

6. 넌 **지금** 확실하게 말하기만 하면 돼.   now

7. **사실** 사업에 성공하는 건 쉽지 않아.   actually

8. **전에도 말했듯이** 개념을 파악하는 건 중요해.   as I told you before

☐☐☐ It's not easy to look for a job these days.

☐☐☐ I'm trying to negotiate the price now.

☐☐☐ As I told you before, it's important to read an article.

☐☐☐ I'm trying to save a file every day.

☐☐☐ If I were you, I would study the market every day.

☐☐☐ All you have to do is say for sure now.

☐☐☐ Actually, it's not easy to succeed in business.

☐☐☐ As I told you before, it's important to understand the concept.

147

CHECK-UP

빈칸에 알맞은 말을 보기 중에서 골라 넣어 보세요.

> understand the concept   negotiate the price
>
> study the market   save a file   say for sure
>
> see eye to eye   pay a fine   read an article
>
> look for a job   succeed in business

1. 요즘 사업에 성공하는 건 쉽지 않아.

   It's not easy to ⟨　　　　　⟩ these days.

2. 전에 말했듯이 같은 의견을 갖는 건 중요해.

   As I told you before, it's important to ⟨　　　⟩.

3. 사실 개념을 파악하려고 노력 중이야.

   Actually, I'm trying to ⟨　　　　　⟩.

4. 넌 이제 가격만 협상하면 돼.

   All you have to do is ⟨　　　　　⟩ now.

5. 내가 너라면 매일 일자리를 찾았을 거야.

   **If I were you, I would ⟨　　　　　⟩
   every day.**

📖 복습 훈련 246쪽

700문장 마스터

cut down on drinking

술을 줄이다

미국에는 회식 문화도 없을 뿐더러 상대방에게 술을 억지로 권하지도 않죠.
대부분은 자신이 할 일이 끝나면 곧바로 집에 가서 가족들과 저녁 식사를 한답니다.

STEP 1

50문장 미리보기

오늘 공부할 내용을 살펴보세요. **시작부+중심부** 또는 **시작부+중심부+꾸밈부**를
연결하면 여러 가지 문장을 만들 수 있습니다.

시작부	중심부

May I ~?

~해도 될까요?

131
apply for unemployment

실업 급여를 신청하다

Could you ~?

~해 주시겠어요?

132
cut down on drinking

술을 줄이다

Are you going to ~?

~하려고?

133
empty the garbage

쓰레기통을 비우다

Would you like to~?

~하고 싶으세요?

134
finish work

일을 끝내다

Why don't you ~?

~하지 그래?, ~하는 게 어때?

135
get a new job

새 직장을 구하다

중심부	꾸밈부

136

obtain approval

결재를 받다

now

지금, 이제

137

pay with a credit card

신용카드로 계산하다

today

오늘

138

print a document

서류를 인쇄하다

first of all

우선, 먼저

139

sell one's shares

주식을 팔다

for a while

잠깐, 한동안

140

send goods

상품을 보내다

after lunch

점심 식사 후

하루 50문장 말하기

시작부와 **중심부**를 연결하여 문장을 만들어 보세요.
하루에 중심부 10개만 공부하면 시작부 5개와 결합시켜 50문장을 말할 수 있습니다.

시작부	중심부 (1)

May I ~?

~해도 될까요?

131
apply for unemployment

실업 급여를 신청하다

Could you ~?

~해 주시겠어요?

132
cut down on drinking

술을 줄이다

Are you going to ~?

~하려고?

133
empty the garbage

쓰레기통을 비우다

Would you like to~?

~하고 싶으세요?

134
finish work

일을 끝내다

Why don't you ~?

~하지 그래?, ~하는 게 어때?

135
get a new job

새 직장을 구하다

152

큰 소리로 세 번씩 말해 보세요.

→ 하루 50 문장 말하기 (1)

May I	**apply for unemployment?**	실업 급여 신청해도 될까요?
	cut down on drinking?	술을 줄여도 될까요?
	empty the garbage?	쓰레기통 비워도 될까요?
	finish work?	일을 끝내도 될까요?
	get a new job?	새 직장 구해도 될까요?

Could you	apply for unemployment?	실업 급여 신청해 주시겠어요?
	cut down on drinking?	술을 줄여 주시겠어요?
	empty the garbage?	쓰레기통 비워 주시겠어요?
	finish work?	일을 끝내 주시겠어요?
	get a new job?	새 직장을 구해 주시겠어요?

Are you going to	apply for unemployment?	실업 급여 신청하려고?
	cut down on drinking?	술을 줄이려고?
	empty the garbage?	쓰레기통 비우려고?
	finish work?	일 끝내려고?
	get a new job?	새 직장 구하려고?

Would you like to	apply for unemployment?	실업 급여 신청하고 싶으세요?
	cut down on drinking?	술을 줄이고 싶으세요?
	empty the garbage?	쓰레기통 비우고 싶으세요?
	finish work?	일 끝내고 싶으세요?
	get a new job?	새 직장을 구하고 싶으세요?

Why don't you	apply for unemployment?	실업 급여를 신청하는 게 어때?
	cut down on drinking?	술을 줄이는 게 어때?
	empty the garbage?	쓰레기통을 비우지 그래?
	finish work?	일을 끝내지 그래?
	get a new job?	새 직장을 구하는 게 어때?

153

시작부와 **중심부**를 연결하여 문장을 만들어 보세요.

시작부	중심부 (2)

May I ~?

~해도 될까요?

136
obtain approval

결재를 받다

Could you ~?

~해 주시겠어요?

137
pay with a credit card

신용카드로 계산하다

Are you going to ~?

~하려고?

138
print a document

서류를 인쇄하다

Would you like to~?

~하고 싶으세요?

139
sell one's shares

주식을 팔다

Why don't you ~?

~하지 그래?, ~하는 게 어때?

140
send goods

상품을 보내다

큰 소리로 세 번씩 말해 보세요.

→ 하루 **50** 문장 말하기 (2)

May I	**obtain approval?**	결재 받아도 될까요?
	pay with a credit card?	신용카드로 계산해도 될까요?
	print a document?	서류를 인쇄해도 될까요?
	sell my shares?	제 주식을 팔아도 될까요?
	send goods?	상품 보내도 될까요?

Could you	obtain approval?	결재 받아 주시겠어요?
	pay with a credit card?	신용카드로 계산해 주시겠어요?
	print a document?	서류를 인쇄해 주시겠어요?
	sell your shares?	당신 주식을 팔아 주시겠어요?
	send goods?	상품을 보내 주시겠어요?

Are you going to	obtain approval?	결재 받으려고?
	pay with a credit card?	신용카드로 계산하려고?
	print a document?	서류를 인쇄하려고?
	sell your shares?	당신 주식 팔려고?
	send goods?	상품 보내려고?

Would you like to	obtain approval?	결재 받고 싶으세요?
	pay with a credit card?	신용카드로 계산하고 싶으세요?
	print a document?	서류를 인쇄하고 싶으세요?
	sell your shares?	당신 주식을 팔고 싶으세요?
	send goods?	상품을 보내고 싶으세요?

Why don't you	obtain approval?	결재 받는 게 어때?
	pay with a credit card?	신용카드로 계산하지 그래?
	print a document?	서류를 인쇄하지 그래?
	sell your shares?	네 주식을 팔지 그래?
	send goods?	상품을 보내는 게 어때?

155

시작부	중심부	꾸밈부

1 **오늘** 실업 급여 신청하려고? today

2 **우선** 술을 줄이는 게 어때? first of all

3 **잠깐** 쓰레기통을 비워도 될까요? for a while

4 **우선** 새 직장을 구하는 게 어때? first of all

5 **오늘** 결재 받고 싶으세요? today

6 **잠깐** 서류를 인쇄해 주시겠어요? for a while

7 **지금** 제 주식을 팔아도 될까요? now

8 **점심 먹고** 상품을 보내 주시겠어요? after lunch

Are you going to apply for unemployment today?

First of all, why don't you cut down on drinking?

May I empty the garbage for a while?

First of all, why don't you get a new job?

Would you like to obtain approval today?

Could you print a document for a while?

May I sell my shares now?

Could you send goods after lunch?

157

CHECK-UP 빈칸에 알맞은 말을 보기 중에서 골라 넣어 보세요.

> apply for unemployment   cut down on drinking
>
> sell your shares   send goods   obtain approval
>
> get a new job   finish work   empty the garbage
>
> print a document   pay with a credit card

1. 점심 먹고 상품 보내도 될까요?

   May I ⟨＿＿＿＿＿＿＿⟩ **after lunch?**

2. 잠깐 서류를 인쇄해 주시겠어요?

   Could you ⟨＿＿＿＿＿＿＿⟩ **for a while?**

3. 오늘 결재 받으려고?

   Are you going to ⟨＿＿＿＿＿＿＿⟩ **today?**

4. 지금 당신 주식을 팔고 싶으세요?

   Would you like to ⟨＿＿＿＿＿＿＿⟩ **now?**

5. 우선 실업 급여를 신청하는 게 어때?

   First of all, why don't you ⟨＿＿＿＿＿＿＿⟩ **?**

DAY
15

750문장 마스터

get a raise
급여가 오르다

Do you drink? (술 마셔?)
이 문장을 보면 직접적으로 alcohol을 언급하지 않았어도
drink가 '술을 마시다'란 의미인 걸 알 수 있죠.
raise도 마찬가지입니다.
많은 직장인들이 쓰다 보니 이젠 '급여가 오르다'라는 의미로 굳어져 버렸죠.

STEP 1

50문장 미리보기

오늘 공부할 내용을 살펴보세요. **시작부+중심부** 또는 **시작부+중심부+꾸밈부**를
연결하면 여러 가지 문장을 만들 수 있습니다.

시작부	중심부
Did you ~? ～했어?	141 **arrange documents** 서류를 정리하다
I told you to 내가 ～하라고 했잖아	142 **arrive on time** 정각에 도착하다
I didn't ～하지 않았어	143 **bring one's wallet** 지갑을 가져오다
I couldn't ～할 수 없었어	144 **check one's schedule** 스케줄을 확인하다
I (과거형) ～했어	145 **draw up a contract** 계약서를 작성하다

160

중심부	꾸밈부

146
find the result
결과를 찾다

actually
사실, 실은

147
get a raise
급여가 오르다

yesterday
어제

148
go out for lunch
점심을 먹으러 나가다

this morning
오늘 아침

149
have a seat
자리에 앉다

while on duty
근무 중에

150
send a reply
답장을 보내다

a little while ago
아까, 조금 전에

STEP
2-1

하루 50문장 말하기

시작부와 **중심부**를 연결하여 문장을 만들어 보세요.
하루에 중심부 10개만 공부하면 시작부 5개와 결합시켜 50문장을 말할 수 있습니다.

시작부	중심부 (1)

Did you ~?

~했어?

141
arrange documents

서류를 정리하다

I told you to

내가 ~하라고 했잖아

142
arrive on time

정각에 도착하다

I didn't

~하지 않았어

143
bring one's wallet

지갑을 가져오다

I couldn't

~할 수 없었어

144
check one's schedule

스케줄을 확인하다

I (과거형)

~했어

145
draw up a contract

계약서를 작성하다

162

Did you	**arrange documents?**	서류 정리했어?
	arrive on time?	정각에 도착했어?
	bring your wallet?	너 지갑 가져왔어?
	check your schedule?	너 스케줄 확인했어?
	draw up a contract?	계약서 작성했어?

I told you to	arrange documents	서류 정리하라고 했잖아
	arrive on time	정각에 도착하라고 했잖아
	bring your wallet	네 지갑 가져오라고 했잖아
	check your schedule	네 스케줄 확인하라고 했잖아
	draw up a contract	계약서 작성하라고 했잖아

I didn't	arrange documents	서류 정리 안 했어
	arrive on time	정각에 도착하지 않았어
	bring my wallet	내 지갑 안 가져왔어
	check my schedule	내 스케줄을 확인하지 않았어
	draw up a contract	계약서 작성 안 했어

I couldn't	arrange documents	서류를 정리할 수 없었어
	arrive on time	정각에 도착할 수 없었어
	bring my wallet	내 지갑을 가져올 수 없었어
	check my schedule	내 스케줄을 확인할 수 없었어
	draw up a contract	계약서를 작성할 수 없었어

I (과거형)	arranged documents	서류 정리했어
	arrived on time	정각에 도착했어
	brought my wallet	나 지갑 가져왔어
	checked my schedule	내 스케줄 확인했어
	drew up a contract	계약서 작성했어

📋 다음 페이지에 계속됩니다.

163

시작부와 **중심부**를 연결하여 문장을 만들어 보세요.

시작부	중심부 (2)

Did you ~?

~했어?

146 **find the result**

결과를 찾다

I told you to

내가 ~하라고 했잖아

147 **get a raise**

급여가 오르다

I didn't

~하지 않았어

148 **go out for lunch**

점심을 먹으러 나가다

I couldn't

~할 수 없었어

149 **have a seat**

자리에 앉다

I (과거형)

~했어

150 **send a reply**

답장을 보내다

164

➡ 하루 **50** 문장 말하기 (2)

큰 소리로 세 번씩 말해 보세요.

☐☐☐	**Did you**	**find the result?**	결과를 찾았어?
☐☐☐		get a raise?	급여가 올랐어?
☐☐☐		go out for lunch?	점심 먹으러 나갔어?
☐☐☐		have a seat?	자리에 앉았어?
☐☐☐		send a reply?	답장 보냈어?

☐☐☐	**I told you to**	find the result	결과를 찾으라고 했잖아
☐☐☐		**get a raise**	급여를 올리라고 했잖아
☐☐☐		go out for lunch	점심 먹으러 나가라고 했잖아
☐☐☐		have a seat	자리에 앉으라고 했잖아
☐☐☐		send a reply	답장 보내라고 했잖아

☐☐☐	**I didn't**	find the result	결과 안 찾았어
☐☐☐		get a raise	급여 안 올랐어
☐☐☐		**go out for lunch**	점심 먹으러 안 나갔어
☐☐☐		have a seat	자리에 앉지 않았어
☐☐☐		send a reply	답장 안 보냈어

☐☐☐	**I couldn't**	find the result	결과를 찾을 수 없었어
☐☐☐		get a raise	급여를 올릴 수 없었어
☐☐☐		go out for lunch	점심 먹으러 나갈 수 없었어
☐☐☐		**have a seat**	자리에 앉을 수 없었어
☐☐☐		send a reply	답장을 보낼 수 없었어

☐☐☐	**I** (과거형)	found the result	결과를 찾았어
☐☐☐		got a raise	급여가 올랐어
☐☐☐		went out for lunch	점심 먹으러 나갔어
☐☐☐		had a seat	자리에 앉았어
☐☐☐		**sent a reply**	답장을 보냈어

165

좀 더 길게 말해 보기

시작부 + 중심부 뒤에 꾸밈부를 붙여서 좀 더 길게 말해 보세요.

시작부	중심부	꾸밈부

1 내가 **근무 중에** 서류 정리하라고 했잖아. — while on duty

2 **오늘 아침에** 정각에 도착하라고 했잖아. — this morning

3 **근무 중에** 내 스케줄을 확인했어. — while on duty

4 **어제** 계약서 작성하지 않았어. — yesterday

5 **사실** 결과를 찾을 수 없었어. — actually

6 **실은** 나 급여가 올랐어. — actually

7 나 **조금 전에** 자리에 앉았어. — a little while ago

8 너 **오늘 아침에** 답장 보냈어? — this morning

I told you to arrange documents while on duty.

I told you to arrive on time this morning.

I checked my schedule while on duty.

I didn't draw up a contract yesterday.

Actually, I couldn't find the result.

Actually, I got a raise.

I had a seat a little while ago.

Did you send a reply this morning?

167

빈칸에 알맞은 말을 보기 중에서 골라 넣어 보세요.

check your schedule · arrange documents · draw up a contract · have a seat · got a raise · arrive on time · go out for lunch · find the result · bring your wallet · send a reply

1. 오늘 아침에 네 스케줄 확인했어?

   Did you ⟨　　　　　⟩ this morning?

2. 내가 아까 점심 먹으러 나가라고 했잖아.

   I told you to ⟨　　　　　⟩ a little while ago.

3. 난 어제 답장 안 보냈어.

   I didn't ⟨　　　　　⟩ yesterday.

4. 근무 중에 서류를 정리할 수 없었어.

   I couldn't ⟨　　　　　⟩ while on duty.

5. 실은 나 급여 올랐어.

   Actually, I ⟨　　　　　⟩ .

800문장 마스터

Today's Expressions

think outside the box

다른 관점에서 생각하다

상자 밖에서 생각하다, 즉 '고정관념을 벗어나다'라는 뜻입니다.
때론 자신의 틀을 벗어나 고정관념을 버리고 새로운 생각을 할 필요가 있죠.
다음과 같은 문구를 붙여놓는 회사들도 있습니다.

Our company would like to hire people who think outside of the box.
(저희 회사에서는 다른 관점으로 생각하는 사람을 고용하고 싶습니다.)

50문장 미리보기

오늘 공부할 내용을 살펴보세요. **시작부+중심부** 또는 **시작부+중심부+꾸밈부**를 연결하면 여러 가지 문장을 만들 수 있습니다.

시작부	중심부

I can

~할 수 있어

151 **buy insurance**

보험에 가입하다

I'm going to

~하려고

152 **get an estimate**

견적을 받다

I'm not going to

~ 안 하려고

153 **go on strike**

파업을 하다

Let's

~하자

154 **make a study**

연구를 하다

Don't

~하지 마

155 **play the market**

주식을 하다

중심부	꾸밈부

156

start tomorrow

내일부터 시작하다

today

오늘

157

talk to the manager

점장에게 항의하다

anymore

더 이상

158

think outside the box

다른 관점에서 생각하다

if possible

가능하다면

159

wait inside

안에서 기다리다

if you want

네가 원한다면

160

work all night

밤새 일하다

from now on

이제부터, 지금부터

STEP 2-1

하루 50문장 말하기

시작부와 **중심부**를 연결하여 문장을 만들어 보세요.
하루에 중심부 10개만 공부하면 시작부 5개와 결합시켜 50문장을 말할 수 있습니다.

시작부	중심부 (1)

I can

~할 수 있어

151 **buy insurance**

보험에 가입하다

I'm going to

~하려고

152 **get an estimate**

견적을 받다

I'm not going to

~ 안 하려고

153 **go on strike**

파업을 하다

Let's

~하자

154 **make a study**

연구를 하다

Don't

~하지 마

155 **play the market**

주식을 하다

172

☐☐☐	**I can**	**buy insurance**	보험에 가입할 수 있어
☐☐☐		get an estimate	견적을 받을 수 있어
☐☐☐		go on strike	파업할 수 있어
☐☐☐		make a study	연구할 수 있어
☐☐☐		play the market	주식을 할 수 있어
☐☐☐	**I'm going to**	buy insurance	보험에 가입하려고
☐☐☐		**get an estimate**	견적을 받으려고
☐☐☐		go on strike	파업하려고
☐☐☐		make a study	연구하려고
☐☐☐		play the market	주식을 하려고
☐☐☐	**I'm not going to**	buy insurance	보험 가입 안 하려고
☐☐☐		get an estimate	견적 안 받으려고
☐☐☐		**go on strike**	파업 안 하려고
☐☐☐		make a study	연구 안 하려고
☐☐☐		play the market	주식 안 하려고
☐☐☐	**Let's**	buy insurance	보험에 가입하자
☐☐☐		get an estimate	견적을 받자
☐☐☐		go on strike	파업하자
☐☐☐		**make a study**	연구하자
☐☐☐		play the market	주식을 하자
☐☐☐	**Don't**	buy insurance	보험에 가입하지 마
☐☐☐		get an estimate	견적 받지 마
☐☐☐		go on strike	파업하지 마
☐☐☐		make a study	연구하지 마
☐☐☐		**play the market**	주식 하지 마

📖 다음 페이지에 계속됩니다.

시작부	중심부 (2)

I can

~할 수 있어

156
start tomorrow

내일부터 시작하다

I'm going to

~하려고

157
talk to the manager

점장에게 항의하다

I'm not going to

~ 안 하려고

158
think outside the box

다른 관점에서 생각하다

Let's

~하자

159
wait inside

안에서 기다리다

Don't

~하지 마

160
work all night

밤새 일하다

큰 소리로 세 번씩 말해 보세요.

☐☐☐	**I can**	**start tomorrow**	내일부터 시작할 수 있어
☐☐☐		talk to the manager	점장에게 항의할 수 있어
☐☐☐		think outside the box	다른 관점에서 생각할 수 있어
☐☐☐		wait inside	안에서 기다릴 수 있어
☐☐☐		work all night	밤새 일할 수 있어

☐☐☐	**I'm going to**	start tomorrow	내일부터 시작하려고
☐☐☐		**talk to the manager**	점장에게 항의하려고
☐☐☐		think outside the box	다른 관점에서 생각하려고
☐☐☐		wait inside	안에서 기다리려고
☐☐☐		work all night	밤새 일하려고

☐☐☐	**I'm not going to**	start tomorrow	내일부터 시작하지 않으려고
☐☐☐		talk to the manager	점장에게 항의하지 않으려고
☐☐☐		**think outside the box**	다른 관점에서 생각하지 않으려고
☐☐☐		wait inside	안에서 기다리지 않으려고
☐☐☐		work all night	밤새 일하지 않으려고

☐☐☐	**Let's**	start tomorrow	내일부터 시작하자
☐☐☐		talk to the manager	점장에게 항의하자
☐☐☐		think outside the box	다른 관점에서 생각하자
☐☐☐		**wait inside**	안에서 기다리자
☐☐☐		work all night	밤새 일하자

☐☐☐	**Don't**	start tomorrow	내일부터 시작하지 마
☐☐☐		talk to the manager	점장에게 항의하지 마
☐☐☐		think outside the box	다른 관점에서 생각하지 마
☐☐☐		wait inside	안에서 기다리지 마
☐☐☐		**work all night**	밤새 일하지 마

175

좀 더 길게 말해 보기

시작부 + 중심부 뒤에 **꾸밈부**를 붙여서 좀 더 길게 말해 보세요.

시작부	중심부	꾸밈부

1   **오늘** 보험에 가입하려고.　　　　　　　today

2   **지금부터** 견적 받으려고.　　　　　　from now on

3   **더 이상** 주식 하지 마.　　　　　　　anymore

4   **네가 원한다면** 내일부터 시작할 수 있어.　if you want

5   **더 이상** 점장에게 항의하지 마.　　　　anymore

6   **가능하면** 다른 관점에서 생각해 보자.　if possible

7   **네가 원하면** 안에서 기다릴 수 있어.　if you want

8   **오늘은** 밤새 일 안 하려고.　　　　　　today

I'm going to buy insurance today.

I'm going to get an estimate from now on.

Don't play the market anymore.

I can start tomorrow if you want.

Don't talk to the manager anymore.

Let's think outside the box if possible.

I can wait inside if you want.

I'm not going to work all night today.

빈칸에 알맞은 말을 보기 중에서 골라 넣어 보세요.

> think outside the box   talk to the manager
>
> buy insurance   start tomorrow   wait inside
>
> go on strike   make a study   get an estimate
>
> play the market   work all night

1. 네가 원한다면 견적을 받을 수 있어.

   I can ⟨　　　　　⟩ **if you want.**

2. 이제부터 연구하려고.

   I'm going to ⟨　　　　　⟩ **from now on.**

3. 더 이상 주식 안 하려고.

   I'm not going to ⟨　　　　　⟩ **anymore.**

4. 가능하면 내일부터 시작하자.

   Let's ⟨　　　　　⟩ **if possible.**

5. 오늘은 안에서 기다리지 마.

   Don't ⟨　　　　　⟩ **today.**

1. get an estimate   2. make a study   3. play the market   4. start tomorrow   5. wait inside

📘 복습 훈련 252쪽

178

DAY 17

850문장 마스터

Today's Expressions

hit the jackpot

대박 나다

jackpot은 원래 포커에서의 '판돈'이나,
퀴즈 게임 등에서 정답자가 없어 쌓인 '거액의 상금'을 가리키던 말이었습니다.
hit the jackpot이라고 하면 '큰돈을 따다'라는 뜻이죠.
꼭 돈이 아니더라도 뜻밖의 성공을 거두었거나 행운을 잡았을 때도 쓰는 표현입니다.

STEP 1 50문장 미리보기

오늘 공부할 내용을 살펴보세요. **시작부＋중심부** 또는 **시작부＋중심부＋꾸밈부**를
연결하면 여러 가지 문장을 만들 수 있습니다.

시작부	중심부

Please

～하세요

161 attend a seminar

세미나에 참석하다

I have to

～해야 해

162 enjoy competition

경쟁을 즐기다

I'd like you to

당신이 ～하면 좋겠어요

163 give someone an explanation

～에게 설명하다

I'm trying to

～하려고 노력 중이야

164 hit the jackpot

대박 나다

I wouldn't like to

～하고 싶지 않아요

165 join a labor union

노조에 가입하다

MP3 듣기

166
learn from others

다른 사람들에게 배우다

now

지금, 이제

167
leave a message

메시지를 남기다

today

오늘

168
send an email

이메일을 보내다

actually

사실, 실은

169
wait for a chance

기회를 기다리다

in public

공식적으로, 공공장소에서

170
write a report

보고서를 쓰다

in private

개인적으로

하루 50문장 말하기

시작부와 **중심부**를 연결하여 문장을 만들어 보세요.
하루에 중심부 10개만 공부하면 시작부 5개와 결합시켜 50문장을 말할 수 있습니다.

시작부	중심부 (1)

Please

~하세요

161
attend a seminar

세미나에 참석하다

I have to

~해야 해

162
enjoy competition

경쟁을 즐기다

I'd like you to

당신이 ~하면 좋겠어요

163
give someone an explanation

~에게 설명하다

I'm trying to

~하려고 노력 중이야

164
hit the jackpot

대박 나다

I wouldn't like to

~하고 싶지 않아요

165
join a labor union

노조에 가입하다

큰 소리로 세 번씩 말해 보세요.

Please	**attend a seminar**	세미나에 참석하세요
	enjoy competition	경쟁을 즐기세요
	give me an explanation	저에게 설명하세요
	hit the jackpot	대박 나세요
	join a labor union	노조에 가입하세요

I have to	attend a seminar	세미나에 참석해야 해
	enjoy competition	경쟁을 즐겨야 해
	give you an explanation	너한테 설명해야 해
	hit the jackpot	대박 나야 해
	join a labor union	노조에 가입해야 해

I'd like you to	attend a seminar	당신이 세미나에 참석하면 좋겠어요
	enjoy competition	당신이 경쟁을 즐기면 좋겠어요
	give me an explanation	당신이 나한테 설명해 주면 좋겠어요
	hit the jackpot	당신이 대박 나면 좋겠어요
	join a labor union	당신이 노조에 가입하면 좋겠어요

I'm trying to	attend a seminar	세미나에 참석하려고 노력 중이야
	enjoy competition	경쟁을 즐기려고 노력 중이야
	give you an explanation	너한테 설명하려고 노력 중이야
	hit the jackpot	대박 나려고 노력 중이야
	join a labor union	노조에 가입하려고 노력 중이야

I wouldn't like to	attend a seminar	세미나에 참석하고 싶지 않아요
	enjoy competition	경쟁을 즐기고 싶지 않아요
	give you an explanation	당신한테 설명하고 싶지 않아요
	hit the jackpot	대박 나고 싶지 않아요
	join a labor union	노조에 가입하고 싶지 않아요

📖 다음 페이지에 계속됩니다.

183

시작부와 **중심부**를 연결하여 문장을 만들어 보세요.

시작부	중심부 (2)

Please

~하세요

166
learn from others

다른 사람들에게 배우다

I have to

~해야 해

167
leave a message

메시지를 남기다

I'd like you to

당신이 ~하면 좋겠어요

168
send an email

이메일을 보내다

I'm trying to

~하려고 노력 중이야

169
wait for a chance

기회를 기다리다

I wouldn't like to

~하고 싶지 않아요

170
write a report

보고서를 쓰다

Please	**learn from others**	다른 사람들에게 배우세요
	leave a message	메시지를 남기세요
	send an email	이메일을 보내세요
	wait for a chance	기회를 기다리세요
	write a report	보고서를 쓰세요

I have to	learn from others	다른 사람들에게 배워야 해
	leave a message	메시지를 남겨야 해
	send an email	이메일을 보내야 해
	wait for a chance	기회를 기다려야 해
	write a report	보고서를 써야 해

I'd like you to	learn from others	당신이 다른 사람들에게 배우면 좋겠어요
	leave a message	당신이 메시지를 남기면 좋겠어요
	send an email	당신이 이메일을 보내면 좋겠어요
	wait for a chance	당신이 기회를 기다리면 좋겠어요
	write a report	당신이 보고서를 쓰면 좋겠어요

I'm trying to	learn from others	다른 사람들에게 배우려고 노력 중이야
	leave a message	메시지를 남기려고 노력 중이야
	send an email	이메일을 보내려고 노력 중이야
	wait for a chance	기회를 기다리려고 노력 중이야
	write a report	보고서를 쓰려고 노력 중이야

I wouldn't like to	learn from others	다른 사람들에게 배우고 싶지 않아요
	leave a message	메시지를 남기고 싶지 않아요
	send an email	이메일을 보내고 싶지 않아요
	wait for a chance	기회를 기다리고 싶지 않아요
	write a report	보고서를 쓰고 싶지 않아요

STEP 3

좀 더 길게 말해 보기
시작부 + **중심부** 뒤에 **꾸밈부**를 붙여서 좀 더 길게 말해 보세요.

시작부	중심부	꾸밈부

1 난 **오늘** 세미나에 참석해야 돼. → today

2 **지금은** 당신이 경쟁을 즐기면 좋겠어요. → now

3 **사실** 당신한테 설명하고 싶지 않아요. → actually

4 **사실** 당신이 대박 나면 좋겠어요. → actually

5 **공개적으로** 노조에 가입하고 싶지 않아요. → in public

6 **개인적으로** 메시지를 남기세요. → in private

7 **오늘** 이메일을 보내 주세요. → today

8 **지금** 보고서를 쓰려고 노력 중이야. → now

186

I have to attend a seminar today.

I'd like you to enjoy competition now.

Actually, I wouldn't like to give you an explanation.

Actually, I'd like you to hit the jackpot.

I wouldn't like to join a labor union in public.

Please leave a message in private.

Please send an email today.

I'm trying to write a report now.

187

빈칸에 알맞은 말을 보기 중에서 골라 넣어 보세요.

> give me an explanation   wait for a chance
> write a report   send an email   attend a seminar
> hit the jackpot   learn from others   leave a message
> join a labor union   enjoy competition

1. 이제 메시지를 남기세요.

   Please ⟨   ⟩ **now.**

2. 오늘 보고서를 써야 돼.

   I have to ⟨   ⟩ **today.**

3. 사실 당신이 다른 사람들에게 배우면 좋겠어요.

   Actually, I'd like you to ⟨   ⟩.

4. 개인적으로 경쟁을 즐기려고 노력 중이야.

   I'm trying to ⟨   ⟩ **in private.**

5. 공개적으로 세미나에 참석하고 싶지 않아요.

   I wouldn't like to ⟨   ⟩ **in public.**

1. leave a message   2. write a report   3. learn from others   4. enjoy competition
5. attend a seminar

📖 복습 훈련 254쪽

188

DAY
18

900문장 마스터

Today's Expressions

push the envelope

한계를 초월하다

envelope는 '봉투'뿐만 아니라 '한계', '막'이란 의미도 있어요.
수학에서는 곡선 그래프 상의 닫힌 곳, 즉 '한계점'을 말한답니다.
push the envelope는 '한계를 초월하다',
'새로운 것에 도전하다'라는 의미로 많이 쓰입니다.

50문장 미리보기

오늘 공부할 내용을 살펴보세요. **시작부+중심부** 또는 **시작부+중심부+꾸밈부**를
연결하면 여러 가지 문장을 만들 수 있습니다.

시작부	중심부

It's not easy to

~하는 건 쉽지 않아

171 **clean toilets**

화장실을 청소하다

It's important to

~하는 건 중요해

172 **draw up a list**

리스트를 작성하다

It's hard to

~하는 건 힘들어

173 **fix the copier**

복사기를 고치다

All you have to do is

넌 ~만 하면 돼

174 **get unemployment benefits**

실업 급여를 받다

If I were you, I would

내가 너라면 ~했을 거야

175 **learn from experience**

경험에서 배우다

중심부	꾸밈부

176

organize files

파일을 정리하다

honestly

솔직히

177

push the envelope

한계를 초월하다

every day

매일

178

save the day

곤경을 면하다

these days

요즘

179

sweep the floor

바닥을 쓸다

with coworkers

직장 동료들과

180

take over the job

업무를 인계 받다

as I told you before

전에 말했듯이

하루 50문장 말하기

시작부와 **중심부**를 연결하여 문장을 만들어 보세요.
하루에 중심부 10개만 공부하면 시작부 5개와 결합시켜 50문장을 말할 수 있습니다.

시작부	중심부 (1)

It's not easy to

~하는 건 쉽지 않아

171
clean toilets

화장실을 청소하다

It's important to

~하는 건 중요해

172
draw up a list

리스트를 작성하다

It's hard to

~하는 건 힘들어

173
fix the copier

복사기를 고치다

All you have to do is

넌 ~만 하면 돼

174
get unemployment benefits

실업 급여를 받다

If I were you, I would

내가 너라면 ~했을 거야

175
learn from experience

경험에서 배우다

➡ 하루 **50** 문장 말하기 (1)

큰 소리로 세 번씩 말해 보세요.

	It's not easy to	clean toilets	화장실 청소하는 건 쉽지 않아
		draw up a list	리스트를 작성하는 건 쉽지 않아
		fix the copier	복사기를 고치는 건 쉽지 않아
		get unemployment benefits	실업 급여를 받는 건 쉽지 않아
		learn from experience	경험에서 배우는 건 쉽지 않아
	It's important to	clean toilets	화장실 청소하는 건 중요해
		draw up a list	리스트를 작성하는 건 중요해
		fix the copier	복사기를 고치는 건 중요해
		get unemployment benefits	실업 급여를 받는 건 중요해
		learn from experience	경험에서 배우는 건 중요해
	It's hard to	clean toilets	화장실 청소하는 건 힘들어
		draw up a list	리스트를 작성하는 건 힘들어
		fix the copier	복사기를 고치는 건 힘들어
		get unemployment benefits	실업 급여는 받기 힘들어
		learn from experience	경험에서 배우는 건 힘들어
	All you have to do is	clean toilets	화장실 청소만 하면 돼
		draw up a list	리스트만 작성하면 돼
		fix the copier	복사기만 고치면 돼
		get unemployment benefits	실업 급여만 받으면 돼
		learn from experience	경험에서 배우기만 하면 돼
	If I were you, I would	clean toilets	내가 너라면 화장실 청소했을 거야
		draw up a list	내가 너라면 리스트 작성했을 거야
		fix the copier	내가 너라면 복사기 고쳤을 거야
		get unemployment benefits	내가 너라면 실업 급여 받았을 거야
		learn from experience	내가 너라면 경험에서 배웠을 거야

📋 다음 페이지에 계속됩니다.

193

시작부와 **중심부**를 연결하여 문장을 만들어 보세요.

시작부	중심부 (2)

It's not easy to

~하는 건 쉽지 않아

176 **organize files**

파일을 정리하다

It's important to

~하는 건 중요해

177 **push the envelope**

한계를 초월하다

It's hard to

~하는 건 힘들어

178 **save the day**

곤경을 면하다

All you have to do is

넌 ~만 하면 돼

179 **sweep the floor**

바닥을 쓸다

If I were you, I would

내가 너라면 ~했을 거야

180 **take over the job**

업무를 인계 받다

큰 소리로 세 번씩 말해 보세요.

It's not easy to

organize files	파일을 정리하는 건 쉽지 않아
push the envelope	한계를 초월하는 건 쉽지 않아
save the day	곤경을 면하는 건 쉽지 않아
sweep the floor	바닥을 쓰는 건 쉽지 않아
take over the job	업무를 인계 받는 건 쉽지 않아

It's important to

organize files	파일을 정리하는 건 중요해
push the envelope	한계를 초월하는 건 중요해
save the day	곤경을 면하는 건 중요해
sweep the floor	바닥 쓰는 건 중요해
take over the job	업무를 인계 받는 건 중요해

It's hard to

organize files	파일 정리 하는 건 힘들어
push the envelope	한계를 초월하는 건 힘들어
save the day	곤경을 면하기는 힘들어
sweep the floor	바닥을 쓰는 건 힘들어
take over the job	업무 인계 받는 건 힘들어

All you have to do is

organize files	파일만 정리하면 돼
push the envelope	한계를 초월하기만 하면 돼
save the day	곤경을 면하기만 하면 돼
sweep the floor	바닥을 쓸기만 하면 돼
take over the job	업무를 인계 받기만 하면 돼

If I were you, I would

organize files	내가 너라면 파일을 정리했을 거야
push the envelope	내가 너라면 한계를 초월했을 거야
save the day	내가 너라면 곤경을 면했을 거야
sweep the floor	내가 너라면 바닥을 쓸었을 거야
take over the job	내가 너라면 업무 인계 받았을 거야

좀 더 길게 말해 보기

시작부 + 중심부 뒤에 꾸밈부를 붙여서 좀 더 길게 말해 보세요.

시작부	중심부	꾸밈부

1 매일 화장실 청소하는 건 힘들어. every day

2 넌 매일 리스트를 작성하기만 하면 돼. every day

3 솔직히 복사기 고치는 거 쉽지 않아. honestly

4 요즘 실업 급여를 받는 건 쉽지 않아. these days

5 전에도 말했듯이 경험에서 배우는 건 중요해. as I told you before

6 내가 너라면 동료들과 파일을 정리했을 거야. with coworkers

7 전에도 말했듯이 한계를 초월하는 건 중요해. as I told you before

8 솔직히 업무 인계 받는 건 쉽지 않아. honestly

196

It's hard to clean toilets **every day.**

All you have to do is draw up a list **every day.**

Honestly, it's hard to fix the copier.

It's not easy to get unemployment benefits **these days.**

As I told you before, it's important to learn from experience.

If I were you, I would organize files **with coworkers.**

As I told you before, it's important to push the envelope.

Honestly, it's not easy to take over the job.

197

CHECK-UP

빈칸에 알맞은 말을 보기 중에서 골라 넣어 보세요.

> get unemployment benefits   learn from experience
>
> sweep the floor   clean toilets   save the day
>
> draw up a list   organize files   fix the copier
>
> push the envelope   take over the job

1. 솔직히 한계를 초월하는 건 쉽지 않아.

   Honestly, it's not easy to ⟨　　　　　⟩ **.**

2. 전에도 말했듯이 경험에서 배우는 건 중요해.

   As I told you before, it's important to ⟨　　　⟩ **.**

3. 요즘은 실업 급여를 받는 게 힘들어.

   It's hard to ⟨　　　　　⟩ **these days.**

4. 넌 직장 동료들과 파일 정리만 하면 돼.

   All you have to do is ⟨　　　⟩ **with coworkers.**

5. 내가 너라면 매일 업무 인계를 받았을 거야.

   If I were you, I would ⟨　　　　　⟩ **every day.**

950문장 마스터

Today's Expressions

talk over coffee

커피를 마시면서 얘기하다

"차 한잔 어때요?" 우리가 상대방에게 자주 하는 말이죠?
서양에서는 '차'를 '커피'로 바꿨다고 생각하면 됩니다.

50문장 미리보기

오늘 공부할 내용을 살펴보세요. **시작부+중심부** 또는 **시작부+중심부+꾸밈부**를
연결하면 여러 가지 문장을 만들 수 있습니다.

시작부	중심부

May I ~?

~해도 될까요?

181
cut down on smoking

담배를 줄이다

Could you ~?

~해 주시겠어요?

182
drink tea

차를 마시다

Are you going to ~?

~하려고?

183
get dressed up

옷을 차려입다

Would you like to~?

~하고 싶으세요?

184
leave early

조퇴하다

Why don't you ~?

~하지 그래?, ~하는 게 어때?

185
sell property

재산을 팔다

200

중심부	꾸밈부

186

send an official

공문을 보내다

now

지금, 이제

187

show one's skills

실력을 보여 주다

today

오늘

188

take a monthly holiday

월차 휴가를 내다

tomorrow

내일

189

talk over coffee

커피를 마시면서 얘기하다

for a while

잠깐, 한동안

190

work part time

파트타임으로 일하다

near the company

회사 근처에

STEP 2-1 하루 50문장 말하기

시작부와 **중심부**를 연결하여 문장을 만들어 보세요.
하루에 중심부 10개만 공부하면 시작부 5개와 결합시켜 50문장을 말할 수 있습니다.

시작부	중심부 (1)

May I ~?

~해도 될까요?

181
cut down on smoking

담배를 줄이다

Could you ~?

~해 주시겠어요?

182
drink tea

차를 마시다

Are you going to ~?

~하려고?

183
get dressed up

옷을 차려입다

Would you like to~?

~하고 싶으세요?

184
leave early

조퇴하다

Why don't you ~?

~하지 그래?, ~하는 게 어때?

185
sell property

재산을 팔다

202

May I	**cut down on smoking?**	담배 줄여도 될까요?
	drink tea?	차 마셔도 될까요?
	get dressed up?	옷을 차려입어도 될까요?
	leave early?	조퇴해도 될까요?
	sell property?	재산을 팔아도 될까요?

Could you	cut down on smoking?	담배를 줄여 주시겠어요?
	drink tea?	차 드시겠어요?
	get dressed up?	옷을 차려입으시겠어요?
	leave early?	조퇴하시겠어요?
	sell property?	재산을 파시겠어요?

Are you going to	cut down on smoking?	담배 줄이려고?
	drink tea?	차 마시려고?
	get dressed up?	옷을 차려입으려고?
	leave early?	조퇴하려고?
	sell property?	재산을 팔려고?

Would you like to	cut down on smoking?	담배 줄이고 싶으세요?
	drink tea?	차 마시고 싶으세요?
	get dressed up?	옷 차려입고 싶으세요?
	leave early?	조퇴하고 싶으세요?
	sell property?	재산 팔고 싶으세요?

Why don't you	cut down on smoking?	담배를 줄이지 그래?
	drink tea?	차 마시는 게 어때?
	get dressed up?	옷을 차려입는 게 어때?
	leave early?	조퇴하지 그래?
	sell property?	재산을 팔지 그래?

📑 다음 페이지에 계속됩니다.

203

STEP
2-2

시작부와 **중심부**를 연결하여 문장을 만들어 보세요.

| 시작부 | 중심부 (2) |

May I ~?
〜해도 될까요?

Could you ~?
〜해 주시겠어요?

Are you going to ~?
〜하려고?

Would you like to~?
〜하고 싶으세요?

Why don't you ~?
〜하지 그래?, 〜하는 게 어때?

186
send an official
공문을 보내다

187
show one's skills
실력을 보여 주다

188
take a monthly holiday
월차 휴가를 내다

189
talk over coffee
커피를 마시면서 얘기하다

190
work part time
파트타임으로 일하다

May I	send an official?	공문 보내도 될까요?
	show my skills?	제 실력을 보여 줘도 될까요?
	take a monthly holiday?	월차 휴가를 내도 될까요?
	talk over coffee?	커피 마시면서 얘기해도 될까요?
	work part time?	파트타임으로 일해도 될까요?

Could you	send an official?	공문을 보내 주시겠어요?
	show your skills?	당신 실력을 보여 주시겠어요?
	take a monthly holiday?	월차 휴가 내시겠어요?
	talk over coffee?	커피 마시면서 얘기하시겠어요?
	work part time?	파트타임으로 일하시겠어요?

Are you going to	send an official?	공문을 보내려고?
	show your skills?	네 실력을 보여 주려고?
	take a monthly holiday?	월차 휴가 내려고?
	talk over coffee?	커피 마시면서 얘기하려고?
	work part time?	파트타임으로 일하려고?

Would you like to	send an official?	공문을 보내고 싶으세요?
	show your skills?	당신 실력을 보여 주고 싶으세요?
	take a monthly holiday?	월차 휴가 내고 싶으세요?
	talk over coffee?	커피 마시면서 얘기하고 싶으세요?
	work part time?	파트타임으로 일하고 싶으세요?

Why don't you	send an official?	공문을 보내는 게 어때?
	show your skills?	네 실력을 보여 주지 그래?
	take a monthly holiday?	월차 휴가 내는 게 어때?
	talk over coffee?	커피 마시면서 얘기하는 게 어때?
	work part time?	파트타임으로 일하는 게 어때?

205

시작부	중심부	꾸밈부

1   **지금** 차 드시고 싶으세요?   now

2   **오늘은** 옷을 좀 차려입지 그래?   today

3   저 **오늘** 조퇴해도 될까요?   today

4   **지금** 공문 보내려고?   now

5   **이제** 당신 실력을 보여 주시겠어요?   now

6   너 **내일** 월차 휴가 내려고?   tomorrow

7   **잠깐** 커피 마시면서 얘기해도 될까요?   for a while

8   **회사 근처에서** 파트타임으로 일해 주시겠어요?   near the company

206

☐☐☐ **Would you like to drink tea now?**

☐☐☐ **Why don't you get dressed up today?**

☐☐☐ **May I leave early today?**

☐☐☐ **Are you going to send an official now?**

☐☐☐ **Could you show your skills now?**

☐☐☐ **Are you going to take a monthly holiday tomorrow?**

☐☐☐ **May I talk over coffee for a while?**

☐☐☐ **Could you work part time near the company?**

CHECK-UP

빈칸에 알맞은 말을 보기 중에서 골라 넣어 보세요.

> take a monthly holiday   cut down on smoking
>
> get dressed up   drink tea   sell property
>
> send an official   leave early   show my skills
>
> talk over coffee   work part time

1. 오늘 공문을 보내도 될까요?

   May I ⟨_____⟩ **today?**

2. 잠깐 파트타임으로 일해 주시겠어요?

   Could you ⟨_____⟩ **for a while?**

3. 내일 옷을 차려입으려고?

   Are you going to ⟨_____⟩ **tomorrow?**

4. 지금 조퇴하고 싶으세요?

   Would you like to ⟨_____⟩ **now?**

5. 회사 근처에 커피 마시면서 얘기하는 게 어때?

   Why don't you ⟨_____⟩ **near the company?**

1. send an official   2. work part time   3. get dressed up   4. leave early   5. talk over coffee

복습 훈련 258쪽

1000문장 마스터

go bankrupt

파산하다

This company may go backrupt.라고 하면
"이 회사는 파산할지도 몰라."라는 뜻입니다.
이럴 때 대답은 That's impossible.
또는 That can't be true.라고 많이 하죠.

STEP 1

50문장 미리보기

오늘 공부할 내용을 살펴보세요. **시작부＋중심부** 또는 **시작부＋중심부＋꾸밈부**를
연결하면 여러 가지 문장을 만들 수 있습니다.

시작부	중심부

Did you ~?

～했어?

191
check the email

이메일을 확인하다

I told you not to

내가 ～하지 말라고 했잖아

192
drink too much

과음하다

I didn't

～하지 않았어

193
get a bonus

보너스를 받다

I couldn't

～할 수 없었어

194
go bankrupt

파산하다

I (과거형)

～했어

195
meet halfway

타협하다

MP3 듣기

중심부	꾸밈부

196 miss work
결근하다

actually
사실, 실은

197 send the proposal
제안서를 보내다

yesterday
어제

198 spend a vacation
휴가를 보내다

last night
어젯밤

199 start a new business
새로운 사업을 시작하다

at that time
그때, 그 당시

200 submit one's report
보고서를 제출하다

this morning
오늘 아침

211

STEP 2-1

하루 50문장 말하기

시작부와 **중심부**를 연결하여 문장을 만들어 보세요.
하루에 중심부 10개만 공부하면 시작부 5개와 결합시켜 50문장을 말할 수 있습니다.

시작부	중심부 (1)

Did you ~?

~했어?

191
check the email

이메일을 확인하다

I told you not to

내가 ~하지 말라고 했잖아

192
drink too much

과음하다

I didn't

~하지 않았어

193
get a bonus

보너스를 받다

I couldn't

~할 수 없었어

194
go bankrupt

파산하다

I (과거형)

~했어

195
meet halfway

타협하다

➡️ 하루 **50** 문장 말하기 (1)

Did you	**check the email?**	이메일 확인했어?
	drink too much?	과음했어?
	get a bonus?	보너스 받았어?
	go bankrupt?	파산했어?
	meet halfway?	타협했어?

I told you not to	check the email	이메일 확인하지 말라고 했잖아
	drink too much	과음하지 말라고 했잖아
	get a bonus	보너스 받지 말라고 했잖아
	go bankrupt	파산하지 말라고 했잖아
	meet halfway	타협하지 말라고 했잖아

I didn't	check the email	이메일 확인 안 했어
	drink too much	과음 안 했어
	get a bonus	보너스 안 받았어
	go bankrupt	파산 안 했어
	meet halfway	타협 안 했어

I couldn't	check the email	이메일을 확인할 수 없었어
	drink too much	과음할 수 없었어
	get a bonus	보너스를 받을 수 없었어
	go bankrupt	파산할 수 없었어
	meet halfway	타협할 수 없었어

I (과거형)	checked the email	이메일 확인했어
	drank too much	과음했어
	got a bonus	보너스 받았어
	went bankrupt	파산했어
	met halfway	타협했어

🔖 다음 페이지에 계속됩니다.

213

시작부와 중심부를 연결하여 문장을 만들어 보세요.

시작부	중심부 (2)
Did you ~? ~했어?	196 **miss work** 결근하다
I told you not to 내가 ~하지 말라고 했잖아	197 **send the proposal** 제안서를 보내다
I didn't ~하지 않았어	198 **spend a vacation** 휴가를 보내다
I couldn't ~할 수 없었어	199 **start a new business** 새로운 사업을 시작하다
I (과거형) ~했어	200 **submit one's report** 보고서를 제출하다

➡ 하루 50 문장 말하기 (2)

	Did you	miss work?	결근했어?
☐☐☐		send the proposal?	제안서 보냈어?
☐☐☐		spend a vacation?	휴가 보냈어?
☐☐☐		start a new business?	새로운 사업을 시작했어?
☐☐☐		submit your report?	너 보고서 제출했어?

	I told you not to	miss work	결근하지 말라고 했잖아
☐☐☐		**send the proposal**	제안서 보내지 말라고 했잖아
☐☐☐		spend a vacation	휴가 쓰지 말라고 했잖아
☐☐☐		start a new business	새로운 사업 시작하지 말라고 했잖아
☐☐☐		submit your report	너 보고서 제출하지 말라고 말했잖아

	I didn't	miss work	결근 안 했어
☐☐☐		send the proposal	제안서 안 보냈어
☐☐☐		**spend a vacation**	휴가 안 보냈어
☐☐☐		start a new business	새로운 사업 시작하지 않았어
☐☐☐		submit my report	나 보고서 제출 안 했어

	I couldn't	miss work	결근할 수 없었어
☐☐☐		send the proposal	제안서를 보낼 수 없었어
☐☐☐		spend a vacation	휴가를 보낼 수 없었어
☐☐☐		**start a new business**	새로운 사업을 시작할 수 없었어
☐☐☐		submit my report	내 보고서를 제출할 수 없었어

	I (과거형)	missed work	결근했어
☐☐☐		sent the proposal	제안서 보냈어
☐☐☐		spent a vacation	휴가 보냈어
☐☐☐		started a new business	새로운 사업을 시작했어
☐☐☐		**submitted my report**	나 보고서 제출했어

STEP 3 좀 더 길게 말해 보기

시작부 + 중심부 뒤에 **꾸밈부**를 붙여서 좀 더 길게 말해 보세요.

시작부	중심부	꾸밈부

1 **오늘 아침에** 이메일 확인했어? `this morning`

2 나 **어젯밤에** 과음 안 했어. `last night`

3 나 **어제** 보너스 받았어. `yesterday`

4 **사실** 난 타협할 수 없었어. `actually`

5 내가 **어제** 결근하지 말라고 했잖아. `yesterday`

6 **오늘 아침에** 제안서 보냈어? `this morning`

7 **사실** 나 새로운 사업을 시작했어. `actually`

8 난 **그때** 보고서를 제출할 수 없었어. `at that time`

216

Did you check the email this morning?

I didn't drink too much last night.

I got a bonus yesterday.

Actually, I couldn't meet halfway.

I told you not to miss work yesterday.

Did you send the proposal this morning?

Actually, I started a new business.

I couldn't submit my report at that time.

217

빈칸에 알맞은 말을 보기 중에서 골라 넣어 보세요.

start a new business	submit your report
sent the proposal	miss work	go bankrupt
get a bonus	check the email	meet halfway
spend a vacation	drink too much

1. 어제 타협했어?

   Did you ⟨＿＿＿＿＿＿＿⟩ **yesterday?**

2. 내가 어젯밤에 과음하지 말라고 했잖아.

   I told you not to ⟨＿＿＿＿＿＿＿⟩ **last night.**

3. 오늘 아침에 보너스 안 받았어.

   I didn't ⟨＿＿＿＿＿＿＿⟩ **this morning.**

4. 사실 이메일을 확인할 수 없었어.

   Actually, I couldn't ⟨＿＿＿＿＿＿＿⟩ **.**

5. 난 그때 제안서 보냈어.

   I ⟨＿＿＿＿＿＿＿⟩ **at that time.**

1. meet halfway   2. drink too much   3. get a bonus   4. check the email   5. sent the proposal

복습 훈련 260쪽

복습 훈련 사용 설명서

1. 청크 활용 방법 추가
청크의 문장 응용 능력을 더 높여 접근해 보겠습니다.

① 중심	make money
② 시작+중심	I will make money.
③ 시작+중심+꾸밈	I will make money from now on.
④ 시작+중심+꾸밈+꾸밈	I will make money here from now on.
⑤ 시작+시작+중심+꾸밈	Please don't make money from now on.
⑥ 꾸밈+시작+중심	From now on, I will make money.
⑦ 꾸밈+시작+중심+꾸밈	If you want, I will make money from now on.

2. 다양한 사람들 추가
문장에서의 주체, 즉 말하는 사람들이 추가되었습니다.

He 그는 / She 그녀는 / We 우리는 / They 그들은

예 그는 출장 갔어. He went on a business trip.

우리는 교대로 일해. We work in shifts.

그들은 파업했어. They went on strike.

3. 조심하세요!
3인칭 단수(She, He) 동사 뒤에는 -s를 붙여 주세요.

예 그녀는 열심히 일해. She works hard.

그는 사업을 해. He runs a business.

3인칭 단수(She, He) 부정에는 don't 대신 doesn't를 쓰세요.

예 그녀는 생활비를 벌지 않아. She doesn't make a living.

그는 다른 사람을 생각하지 않아. He doesn't consider others.

PART 2

1000 문장
마스터
복습훈련

MP3 듣기

다음 우리말을 영어로 말해 보세요.

Korean	English
1. 내가 내일 저녁 살게.	
2. 내가 저녁 사도 돼?	
3. 난 커피 안 마셔.	
4. 우린 커피 안 마실 거야.	
5. 커피 마시려던 참이었어.	Hint I was just about to ~
6. 난 차 운전할 수 있어.	
7. 차 운전할 수 있어?	
8. 퇴근합시다.	
9. 솔직히 퇴근하고 싶어.	Hint Honestly, ~
10. 퇴근하려던 참이었어.	
11. 출근하자.	
12. 나 돈 벌고 싶어.	
13. 나 내일 출근해야 돼.	
14. 솔직히 나 돈 벌고 싶지 않아.	
15. 내가 어제 출근하지 말라고 했잖아.	Hint I told you not to ~

16. 골프 칠 수 있어?

17. 넌 골프 치는 게 좋을 거야.　　Hint You'd better ~

18. 내가 너라면 골프를 쳤을 거야.　Hint If I were you, I would ~

19. 신문 읽으세요.

20. 그는 매일 신문을 읽어.

21. 신문 읽는 건 중요해.　　Hint It's important to ~

22. 사업 얘기 합시다.

23. 사업 얘기 그만해.

24. 그녀는 열심히 일해.

25. 난 열심히 일할 거야.

26. 네가 열심히 일했으면 좋겠어.

 정답

1. I will buy dinner tomorrow.　2. Can I buy dinner?　3. I don't drink coffee.　4. We won't drink coffee.　5. I was just about to drink coffee.　6. I can drive a car.　7. Can you drive a car?　8. Let's get off work.　9. Honestly, I want to get off work.　10. I was just about to get off work.　11. Let's go to work.　12. I want to make money.　13. I have to go to work tomorrow.　14. Honestly, I don't want to make money.　15. I told you not to go to work yesterday.　16. Can you play golf?　17. You'd better play golf.　18. If I were you, I would play golf.　19. Please read the newspaper.　20. He reads the newspaper every day.　21. It's important to read the newspaper.　22. Let's talk business.　23. Don't talk business.　24. She works hard.　25. I will work hard.　26. I want you to work hard.

DAY 02

다음 우리말을 영어로 말해 보세요.

MP3 듣기

Korean	English
1. 워크숍에 참석했어?	
2. 워크숍에 참석하고 싶지 않아.	
3. 워크숍에 참석하는 건 중요해.	
4. 오늘 주식 살 거야?	
5. 내가 주식 사지 말라고 했잖아.	
6. 우린 계획을 바꿨어.	
7. 네 계획 바꾸지 마.	
8. 네 계획을 바꾸는 게 좋을 거야.	
9. 난 매일 뉴스를 확인해.	
10. 뉴스 확인하는 거 잊지 마.	Hint Don't forget to ~
11. 난 교육 안 받을 거야.	
12. 난 더 이상 교육 받고 싶지 않아.	
13. 난 발표해야 해.	
14. 내일 발표할 수 있어?	
15. 당신이 발표했으면 좋겠어요.	Hint I'd like you to ~

224

16. 약속은 하셨나요?

17. 약속 잡으려고 노력 중이야.   Hint I'm trying to ~

18. 가능하다면 돈을 보내 주세요.

19. 내가 내일 돈 보내 줄게.

20. 오늘 아침에 돈 보냈어.

21. 돈 보내는 거 잊지 마.

22. 불을 꺼 주세요.

23. 불 끄지 마.

24. 우린 교대로 일해.

25. 내가 너라면 교대로 일했을 거야.

26. 교대로 일하는 건 쉽지 않아.   Hint It's not easy to ~

1. Did you attend a workshop?   2. I don't want to attend a workshop.   3. It's important to attend a workshop.   4. Will you buy stocks today?   5. I told you not to buy stocks.   6. We changed our plan.   7. Don't change your plan.   8. You'd better change your plan.   9. I check the news every day.   10. Don't forget to check the news.   11. I won't get an education.   12. I don't want to get an education anymore.   13. I have to give a presentation.   14. Can you give a presentation tomorrow? 15. I'd like you to give a presentation.   16. Did you make an appointment?   17. I'm trying to make an appointment.   18. Please send money if possible.   19. I will send money tomorrow.   20. I sent money this morning.   21. Don't forget to send money.   22. Please turn off the light.   23. Don't turn off the light.   24. We work in shifts.   25. If I were you, I would work in shifts.   26. It's not easy to work in shifts.

225

다음 우리말을 영어로 말해 보세요.

MP3 듣기

Korean	English

1. 당신이 내 부탁을 들어주면 좋겠어요.

2. 부탁 좀 들어주시겠어요?

3. 난 정보를 찾아야 돼.

4. 내가 정보를 찾으라고 했잖아.   Hint I told you to ~

5. 허가 받고 싶어?

6. 내가 너라면 허가 받았을 거야.

7. 그 남자 출장 갔어.

8. 난 출장 갈 수 없었어.

9. 출장 가는 건 힘들어.   Hint It's hard to ~

10. 나 내일 출장 가려고.

11. 난 수익을 올려야 돼.

12. 수익을 올리고 싶어?

13. 우린 계속해서 수익을 올릴 수 있어.

14. 고객을 만나 주시겠어요?   Hint Could you ~?

15. 고객을 만나지 그래?   Hint Why don't you ~?

16. 넌 고객을 만나는 게 좋을 거야. (Hint) You'd better ~

---

17. 일 끝나고 고객을 만나야 해.

---

18. 계산하지 마.

---

19. 내가 계산하려던 참이었어. (Hint) I was just about to ~

---

20. 지금부터 내가 계산할 거야. (Hint) from now on

---

21. 시간을 절약해 주세요.

---

22. 당신이 시간을 절약해 주면 좋겠어요. (Hint) I'd like you to ~

---

23. 계약을 맺는 건 쉽지 않아.

---

24. 내가 계약하라고 했잖아.

---

25. 너 상황 파악하는 게 좋을 거야.

---

26. 솔직히 그 당시엔 상황 파악을 못했어.

다음 우리말을 영어로 말해 보세요.

MP3 듣기

Korean	English

1. 내가 너한테 다시 전화할게.

2. 점심 먹고 너한테 다시 전화해도 돼?

3. 어젯밤에 한잔했어.

4. 오늘 한잔하자.

5. 오늘 한잔하는 게 어때?

6. 주식에 투자할 수 있어?

7. 난 주식 투자하고 싶지 않아.

8. 내가 주식 투자 하지 말라고 했잖아.　　　Hint I told you not to ~

9. 연락하고 지내자.

10. 사실 개인적으로 계속 연락하고 싶어요.　　　Hint Actually, ~

11. 우린 요즘 연락하고 지내.

12. 잠깐 복사해도 돼?

13. 나 복사할 거야.

14. 지금 복사할 거야?

15. 지금 팩스 보낼 수 있어.

16. 그때는 팩스를 보낼 수 없었어.

17. 팩스 보내는 거 잊지 마. **Hint** Don't forget to ~

18. 오늘 내 사무실에 들를 수 있어?

19. 내가 네 사무실에 들를게.

20. 잠깐 술 한잔하면서 얘기합시다.

21. 술 한잔하면서 얘기하는 게 어때?

22. 나 컴퓨터 써야 돼.

23. 잠깐 컴퓨터 써도 돼?

24. 너 이력서 쓰는 게 좋을 거야.

25. 나 이력서 쓸 거야.

26. 난 이력서 안 썼어.

1. I will call you back.   2. Can I call you back after lunch?   3. I had a drink last night.   4. Let's have a drink today.   5. Why don't you have a drink today?   6. Can you invest in stocks?   7. I don't want to invest in stocks.   8. I told you not to invest in stocks.   9. Let's keep in touch.   10. Actually, I'd like to keep in touch in private.   11. We keep in touch these days.   12. Can I make a copy for a while? 13. I will make a copy.   14. Will you make a copy now?   15. I can send a fax now.   16. I couldn't send a fax at that time.   17. Don't forget to send a fax.   18. Can you stop by my office today?   19. I will stop by your office.   20. Let's talk over a drink for a while.   21. Why don't you talk over a drink? 22. I have to use a computer.   23. Can I use a computer for a while?   24. You'd better write a resume.   25. I will write a resume.   26. I didn't write a resume.

다음 우리말을 영어로 말해 보세요.

MP3 듣기

Korean	English

1. 나 계약 파기했어.

2. 솔직히 당신이 계약 파기했으면 좋겠어요. 　　Hint I'd like you to ~

3. 그 사람들 계약 파기했어.

4. 이직하고 싶어.

5. 넌 이직하는 게 좋겠어. 　　Hint You'd better ~

6. 난 이직할 거야.

7. 음주 운전 하지 마.

8. 나 어젯밤에 음주 운전 안 했어.

9. 내가 음주 운전 하지 말라고 했잖아.

10. 난 과속 안 했어.

11. 전에도 말했듯이 과속하지 마. 　　Hint As I told you before, ~

12. 우선 현금인출기를 찾자. 　　Hint First of all, ~

13. 현금인출기 못 찾았어.

14. 어제 취했어?

15. 그 여자 어젯밤에 취했어.

16. 그는 지금 원룸에 살아.

17. 원룸에 살 거야?

18. 우린 거래를 놓쳤어.

19. 난 거래를 놓치고 싶지 않아.

20. 서랍 열었어?

21. 내가 서랍 열지 말라고 했잖아.

22. 전에 말했듯이 서랍 열지 마.

23. 나 오늘 야근해야 돼.

24. 나 오늘은 야근 안 할 거야.

25. 걔네들은 매일 야근해.

26. 오늘 야근하는 거 잊지 마.

---

1. I broke a contract.   2. Honestly, I'd like you to break a contract.   3. They broke a contract.   4. I want to change jobs.   5. You'd better change jobs.   6. I will change jobs.   7. Don't drink and drive.   8. I didn't drink and drive last night.   9. I told you not to drink and drive.   10. I didn't drive too fast.   11. As I told you before, don't drive too fast.   12. First of all, Let's find an ATM.   13. I couldn't find an ATM.   14. Did you get drunk yesterday?   15. She got drunk last night.   16. He lives in a studio now.   17. Will you live in a studio?   18. We lost business.   19. I don't want to lose business.   20. Did you open a drawer?   21. I told you not to open a drawer.   22. As I told you before, don't open a drawer.   23. I have to work overtime today.   24. I won't work overtime today.   25. They work overtime every day.   26. Don't forget to work overtime today.

다음 우리말을 영어로 말해 보세요.

MP3 듣기

Korean	English

1. 대출 신청했어?

2. 난 대출 신청 안 했어.

3. 대출 신청하는 게 어때?　　　　　Hint Why don't you ~?

4. 지금부터 최선을 다할 거야.

5. 솔직히 난 최선을 다할 수 없었어.　　　Hint I couldn't ~

6. 내가 너라면 최선을 다했을 거야.　　Hint If I were you, I would ~

7. 이제 전화 끊자.

8. 전화 끊지 마세요.

9. 변명하지 마.

10. 내가 변명하지 말라고 했잖아.

11. 난 변명하지 않았어.

12. 농담하지 마.

13. 지금 농담하고 싶지 않아.

14. 아는 척하지 마.

15. 아는 척 안 할 거야.

16. 아는 척하는 거 쉽지 않아. 　　　　　　　(Hint) It's not easy to ~

17. 그는 사업해.

18. 사업하고 싶어?

19. 사업하는 거 힘들어. 　　　　　　　　　(Hint) It's hard to ~

20. 그들이 내 생각을 가로챘어.

21. 우린 네 생각을 가로채지 않을 거야.

22. 다음으로 미뤄도 돼?

23. 다음으로 미룰 거야.

24. 다음으로 미루려던 참이었어. 　　　　　(Hint) I was just about to ~

25. 설명하려고 노력할 거야.

26. 그는 설명하려고 노력했어.

정답

1. Did you apply for a loan?　2. I didn't apply for a loan.　3. Why don't you apply for a loan?　4. I will do the best from now on.　5. Honestly, I couldn't do the best.　6. If I were you, I would do the best. 7. Let's hang up the phone now.　8. Please don't hang up the phone.　9. Don't make an excuse.　10. I told you not to make an excuse.　11. I didn't make an excuse.　12. Don't play a joke.　13. I don't want to play a joke now.　14. Don't pretend to know.　15. I won't pretend to know.　16. It's not easy to pretend to know.　17. He runs a business.　18. Do you want to run a business?　19. It's hard to run a business.　20. They stole my thunder.　21. We won't steal your thunder.　22. Can I take a rain check?　23. I will take a rain check.　24. I was just about to take a rain check.　25. I will try to explain.　26. He tried to explain.

233

DAY 07 다음 우리말을 영어로 말해 보세요.

MP3 듣기

Korean	English

1. 난 땅 살 거야.

2. 가능하다면 땅 사세요.

3. 내가 너라면 땅을 샀을 거야.

4. 그는 다른 사람 생각 안 해.

5. 다른 사람 생각하는 거 쉽지 않아.

6. 다른 사람을 생각하세요.

7. 안주 먹고 싶어?

8. 당신이 안주를 먹으면 좋겠어요.　　　　　　　Hint I'd like you to ~

9. 술을 즐기세요.

10. 난 술을 즐기고 싶지 않아.

11. 우선 좀 쉬자.

12. 너 좀 쉬는 게 좋겠어.

13. 나 좀 쉬고 싶어.

14. 버티세요.

15. 난 버틸 거야.

16. 버티는 건 힘들어.　　　　　　　　　　　Hint It's hard to ~

17. 세금계산서 발행하는 거 잊지 마.

18. 세금계산서 발행하고 싶은데요.　　　　　Hint I'd like to ~

19. 세금계산서 발행하려던 참이었어.

20. 난 술 배웠어.

21. 너 술 배웠어?

22. 난 답장을 기다려야 해.

23. 넌 답장만 기다리면 돼.　　　　　　　　Hint All you have to do is ~

24. 난 요즘 프리랜서로 일해.

25. 프리랜서로 일하는 건 쉽지 않아.

26. 프리랜서로 일하는 게 어때?

정답

1. I will buy an estate.　2. Please buy an estate if possible.　3. If I were you, I would buy an estate.
4. He doesn't consider others.　5. It's not easy to consider others.　6. Please consider others.　7. Do you want to eat side dishes?　8. I'd like you to eat side dishes.　9. Please enjoy your glass.　10. I don't want to enjoy my glass.　11. First of all, let's get some rest.　12. You'd better get some rest.
13. I want to get some rest.　14. Please hang in there.　15. I will hang in there.　16. It's hard to hang in there.　17. Don't forget to issue a tax invoice.　18. I'd like to issue a tax invoice.　19. I was just about to issue a tax invoice.　20. I learned to drink.　21. Did you learn to drink?　22. I have to wait for a reply.　23. All you have to do is wait for a reply.　24. I work freelance these days.　25. It's not easy to work freelance.　26. Why don't you work freelance?

다음 우리말을 영어로 말해 보세요.

MP3 듣기

Korean	English
1. 회원이 됐어?	
2. 난 회원이 되려고 노력 중이야.	Hint I'm trying to ~
3. 당신이 일을 즐기면 좋겠어요.	
4. 내가 너라면 일을 즐겼을 거야.	
5. 난 일을 즐길 수 없었어.	Hint I couldn't ~
6. 투자자 찾았어?	
7. 넌 투자자만 찾으면 돼.	
8. 투자자를 찾으려고 노력 중이야.	
9. 승진하고 싶어요.	
10. 승진하는 건 쉽지 않아.	
11. 승진하려고 노력 중이야.	
12. 새로운 기술을 배우려고.	
13. 새로운 기술을 배우는 건 중요해.	
14. 그녀는 가게를 열었어.	
15. 내 가게를 여는 건 쉽지 않아.	

16. 미리 지불하지 그래?

17. 미리 지불하려던 참이었어.

18. 미리 지불하는 거 잊지 마.

19. 돈을 절약할 수 없었어.

20. 돈을 절약하는 건 힘들어.

21. 내가 돈 절약하라고 했잖아.　　　Hint I told you to ~

22. 네 이력서 보내는 거 잊지 마.

23. 내 이력서를 보내려던 참이었어.

24. 넌 목표를 세우는 게 좋겠어.

25. 우선 목표를 세우자.　　　Hint First of all, ~

26. 전에 말했듯이 목표를 세우는 건 중요해.

정답

1. Did you become a member?　2. I'm trying to become a member.　3. I'd like you to enjoy working.
4. If I were you, I would enjoy working.　5. I couldn't enjoy working.　6. Did you find an investor?
7. All you have to do is find an investor.　8. I'm trying to find an investor.　9. I'd like to get promoted.
10. It's not easy to get promoted.　11. I'm trying to get promoted.　12. I'm going to learn a new skill.
13. It's important to learn a new skill.　14. She opened her own shop.　15. It's not easy to open my
own shop.　16. Why don't you pay in advance?　17. I was just about to pay in advance.　18. Don't
forget to pay in advance.　19. I couldn't save money.　20. It's hard to save money.　21. I told you
to save money.　22. Don't forget to send your resume.　23. I was just about to send my resume.
24. You'd better set a goal.　25. First of all, let's set a goal.　26. As I told you before, it's important
to set a goal.

237

다음 우리말을 영어로 말해 보세요.

MP3 듣기

Korean	English

1. 택시 불렀어?

2. 택시 부르려던 참이었어.   Hint I was just about to ~

3. 내가 택시 부르라고 했잖아.

4. 사무실에 올 수 있어?

5. 오늘은 사무실에 오지 마.

6. 생맥주 마실 거야?

7. 퇴근하고 생맥주 마시자.

8. 그는 회사 근처에서 생맥주 마셔.

9. 영수증 받는 거 잊지 마.   Hint Don't forget to ~

10. 영수증 받는 건 중요해.   Hint It's important to ~

11. 내가 너라면 영수증 받았을 거야.

12. 난 그에게 충고할 거야.

13. 그 사람들에게 충고하려던 참이었어.

14. 내가 너라면 그 남자에게 충고했을 거야.

15. 마감일에 맞추는 건 중요해.

238

16. 넌 마감일에 맞추기만 하면 돼.

17. 계좌 만들었어?

18. 계좌 만들려고.

19. 유니폼 입는 거 잊지 마.

20. 유니폼 입지 그래?

21. 난 유니폼 입고 싶지 않아.

22. 법인 카드 써도 될까요?　　　　　　　　　　Hint May I ~?

23. 내가 법인 카드 쓰지 말라고 했잖아.

24. 그는 개인적으로 법인 카드를 써.

25. 인턴으로 일할 수 있어?

26. 내가 너라면 인턴으로 일했을 거야.

1. Did you call a taxi?　2. I was just about to call a taxi.　3. I told you to call a taxi.　4. Can you come to the office?　5. Don't come to the office today.　6. Will you drink draft beer?　7. Let's drink draft beer after work.　8. He drinks draft beer near the company.　9. Don't forget to get a receipt.　10. It's important to get a receipt.　11. If I were you, I would get a receipt.　12. I will give him some advice. 13. I was just about to give them some advice.　14. If I were you, I would give him some advice. 15. It's important to meet the deadline.　16. All you have to do is meet the deadline.　17. Did you open an account?　18. I'm going to open an account.　19. Don't forget to put on a uniform.　20. Why don't you put on a uniform?　21. I don't want to put on a uniform.　22. May I use a company credit card?　23. I told you not to use a company credit card.　24. He uses a company credit card in private. 25. Can you work as an intern?　26. If I were you, I would work as an intern.

239

MP3 듣기

다음 우리말을 영어로 말해 보세요.

Korean	English

1. 네 차 가져올 수 있어?

2. 난 내 차 가져가려고.

3. 오늘 네 차 가져오는 거 잊지 마.

4. 번호 확인했어?

5. 번호 확인하는 거 잊지 마.

6. 파일 다운받을 수 있어?

7. 파일을 다운 받을 수 없었어.

8. 파일을 다운받으려던 참이었어.　　　　　　Hint I was just about to ~

9. 잔 비울 수 있어?

10. 잔을 비우려던 참이었어.

11. 당신이 잔을 비우면 좋겠어요.　　　　　　Hint I'd like you to ~

12. 소포 받을 수 있어?

13. 난 소포를 받아야 돼.　　　　　　Hint I have to ~

14. 넌 소포만 받으면 돼.　　　　　　Hint All you have to do is ~

15. 저 좀 태워다 주시겠어요?

16. 어제 그녀를 태워다 줬어.

17. 널 태워다 주지 않을 거야.

18. 우린 오늘 회의가 있어.

19. 회의할 수 있어?

20. 사택에 살고 싶어.

21. 그들은 한동안 사택에서 살았어.

22. 체면 잃지 마.

23. 그 당시 난 체면을 잃었어.

24. 상품 주문했어?

25. 상품을 주문하고 싶은데요.

26. 상품 주문하려던 참이었어.

정답

1. Can you bring your car?   2. I'm going to bring my car.   3. Don't forget to bring your car today.
4. Did you check the number?   5. Don't forget to check the number.   6. Can you download a file?
7. I couldn't download a file.   8. I was just about to download a file.   9. Can you drink the cup dry?
10. I was just about to drink the cup dry.   11. I'd like you to drink the cup dry.   12. Can you get a package?   13. I have to get a package.   14. All you have to do is get a package.   15. Could you give me a ride?   16. I gave her a ride yesterday.   17. I won't give you a ride.   18. We have a meeting today.   19. Can you have a meeting?   20. I want to live in company housing.   21. They lived in company housing for a while.   22. Don't lose face.   23. I lost face at that time.   24. Did you order goods?   25. I'd like to order goods.   26. I was just about to order goods.

241

다음 우리말을 영어로 말해 보세요.

MP3 듣기

Korean	English

1. 난 집을 사야 해.

2. 넌 집만 사면 돼.

3. 집 사고 싶어.

4. 내가 서비스에 대해 항의하지 말라고 했잖아.

5. 네가 원한다면 서비스에 대해 항의할 수 있어.

6. 회식하는 건 중요해.   (Hint) It's important to ~

7. 오늘 회식해야 해.

8. 어젯밤에 회식했어?

9. 오늘은 당신이 비용을 부담해 주면 좋겠어요.

10. 매일 비용을 부담하는 건 쉽지 않아.

11. 난 생활비를 벌어야 해.

12. 그녀는 생활비 벌지 않아.

13. 이제부터 생활비를 벌 거야.   (Hint) from now on

14. 연차 휴가 내는 거 잊지 마.

15. 사실 연차 휴가 내고 싶어.

242

16. 연차 휴가 내는 게 어때?

17. 그들은 매일 정치에 대해 얘기해.

18. 더 이상 정치에 대해 얘기하고 싶지 않아요. ⟨Hint⟩ I wouldn't like to ~

19. 내가 정치에 대해 얘기하지 말라고 했잖아.

20. 더 이상 정치에 대해 얘기 안 할 거야.

21. 이해하려고 노력하세요.

22. 내가 너라면 이해하려고 노력했을 거야.

23. 오래 기다렸어?

24. 그녀는 오래 기다렸어.

25. 나 요즘 회사 다녀.

26. 넌 회사만 다니면 돼.

정답

1. I have to buy a house. 2. All you have to do is buy a house. 3. I want to buy a house. 4. I told you not to complain about the service. 5. I can complain about the service if you want. 6. It's important to dine with coworkers. 7. I have to dine with coworkers today. 8. Did you dine with coworkers last night? 9. I'd like you to foot the bill today. 10. It's not easy to foot the bill every day. 11. I have to make a living. 12. She doesn't make a living. 13. I will make a living from now on. 14. Don't forget to take annual leave. 15. Actually, I want to take annual leave. 16. Why don't you take annual leave? 17. They talk about politics every day. 18. I wouldn't like to talk about politics anymore. 19. I told you not to talk about politics. 20. I won't talk about politics anymore. 21. Please try to understand. 22. If I were you, I would try to understand. 23. Did you wait for a long time? 24. She waited for a long time. 25. I work for a company these days. 26. All you have to do is work for a company.

243

MP3 듣기

다음 우리말을 영어로 말해 보세요.

Korean	English

1. 너한테 조언을 구하고 싶어.

2. 그에게 조언을 구하는 건 중요해.　　　　　　　(Hint) It's important to ~

3. 내가 그 여자한테 조언을 구하라고 했잖아.

4. 휴가를 즐기세요.

5. 우선 우리의 휴가를 즐기자.　　　　　　　　　(Hint) First of all, ~

6. 내가 너라면 휴가를 즐겼을 거야.

7. 본론으로 들어가자.

8. 이제 본론으로 들어가 주세요.

9. 저에게 기회를 주세요.

10. 난 더 이상 그들한테 기회를 안 줄 거야.

11. 가능하다면 예의를 배우세요.

12. 예의를 배우는 건 중요해.

13. 한동안 역 근처에 살았어.

14. 가능하다면 역 근처에 살고 싶어.

15. 넌 발표만 준비하면 돼.

16. 어제 발표 준비했어?

17. 일 끝나고 발표 준비해야 해.   **Hint** after work

18. 나 직장 그만두고 싶어.

19. 직장을 그만두려던 참이었어.

20. 그 여자 그저께 직장 그만뒀어.   **Hint** the day before yesterday

21. 결과를 기다려 주세요.

22. 우선 결과를 기다리자.

23. 넌 결과만 기다리면 돼.

24. 결과를 기다리지 그래?

25. 난 한동안 계약직으로 일해야 돼.

26. 전 계약직으로 일하고 싶지 않아요.

---

1. I want to ask you for advice.   2. It's important to ask him for advice.   3. I told you to ask her for advice.   4. Please enjoy your vacation.   5. First of all, let's enjoy our vacation.   6. If I were you, I would enjoy my vacation.   7. Let's get down to business.   8. Please get down to business now. 9. Please give me a chance.   10. I won't give them a chance anymore.   11. Please learn good manners if possible.   12. It's important to learn good manners.   13. I lived near the station for a while.   14. I want to live near the station if possible.   15. All you have to do is prepare for the presentation.   16. Did you prepare for the presentation yesterday?   17. I have to prepare for the presentation after work.   18. I want to quit my job.   19. I was just about to quit my job.   20. She quit her job the day before yesterday.   21. Please wait for the result.   22. First of all, let's wait for the result.   23. All you have to do is wait for the result.   24. Why don't you wait for the result?   25. I have to work as a temp for a while.   26. I wouldn't like to work as a temp.

다음 우리말을 영어로 말해 보세요.

MP3 듣기

Korean	English

1. 넌 일자리를 찾는 게 좋겠어.　　　　　　　　　Hint You'd better ~

2. 요즘 일자리를 찾는 건 쉽지 않아.

3. 가격을 협상하는 건 중요해.

4. 내가 가격을 협상하라고 했잖아.

5. 가능하다면 가격을 협상해 주세요.

6. 나 그때 벌금 냈어.

7. 벌금 내려던 참이었어.　　　　　　　　　Hint I was just about to ~

8. 매일 기사를 읽는 건 중요해.

9. 조금 전에 기사 읽었어.

10. 내가 근무 중에 기사 읽지 말라고 했잖아.

11. 파일 저장했어?

12. 파일 저장하는 거 잊지 마.

13. 매일 파일을 저장하는 건 중요해.

14. 확실하게 말해 주세요.

15. 난 확실하게 말할 거야.

246

16. 당신이 확실하게 말해 주면 좋겠어요.

17. 우린 같은 의견이야.

18. 같은 의견을 가지려고 노력 중이야.

19. 넌 시장 조사만 하면 돼.

20. 오늘 아침에 시장 조사 했어?

21. 업무상 시장 조사 해야 해.

22. 그는 사업에 성공할 거야.

23. 당신이 사업에 성공하면 좋겠어요.

24. 요즘 사업에 성공하는 건 어려워.

25. 개념을 파악하는 건 중요해.

26. 개념을 파악하려고 노력 중이야.

정답

1. You'd better look for a job.   2. It's not easy to look for a job these days.   3. It's important to negotiate the price.   4. I told you to negotiate the price.   5. Please negotiate the price if possible. 6. I paid a fine at that time.   7. I was just about to pay a fine.   8. It's important to read an article every day.   9. I read an article a little while ago.   10. I told you not to read an article while on duty. 11. Did you save a file?   12. Don't forget to save a file.   13. It's important to save a file every day. 14. Please say for sure.   15. I will say for sure.   16. I'd like you to say for sure.   17. We see eye to eye.   18. I'm trying to see eye to eye.   19. All you have to do is study the market.   20. Did you study the market this morning?   21. I have to study the market on business.   22. He will succeed in business.   23. I'd like you to succeed in business.   24. It's hard to succeed in business these days. 25. It's important to understand the concept.   26. I'm trying to understand the concept.

247

DAY 14

다음 우리말을 영어로 말해 보세요.

MP3 듣기

Korean	English
1. 실업 급여 신청했어?	
2. 내일 실업 급여 신청할 거야.	
3. 전에도 말했듯이 실업 급여를 신청하는 건 중요해.	
4. 넌 술만 줄이면 돼.	
5. 이제부터 술을 줄이려고.	
6. 내가 계속 술 줄이라고 했잖아.	
7. 오늘 아침에 쓰레기통 비웠어?	
8. 내가 어젯밤에 쓰레기통 비우라고 했잖아.	
9. 일 끝냈어?	
10. 우선 일을 끝내자.	
11. 지금 일 끝내려고 노력 중이야.	
12. 새 직장을 구하고 싶어.	
13. 새 직장을 구하지 그래?	
14. 실은 새 직장 못 구했어.	
15. 오늘 결재 받았어?	

16. 난 근무 중에 결재 받아야 해.

17. 신용카드로 계산할 거야?

18. 신용카드로 계산하고 싶으세요?

19. 내가 서류 인쇄하라고 말했잖아.

20. 지금 서류 인쇄하려던 참이었어.　　　　　　　　　　Hint I was just about to ~

21. 그는 주식 팔았어.

22. 요즘 주식을 파는 건 쉽지 않아.

23. 내가 너라면 주식 팔았을 거야.

24. 우린 오늘 아침에 상품 보냈어.

25. 오늘 상품 보내는 거 잊지 마.　　　　　　　　　　Hint Don't forget to ~

26. 지금 상품 보내려던 참이었어.

정답

1. Did you apply for unemployment? 2. I will apply for unemployment tomorrow. 3. As I told you before, it's important to apply for unemployment. 4. All you have to do is cut down on drinking. 5. I'm going to cut down on drinking from now on. 6. I told you to cut down on drinking over and over. 7. Did you empty the garbage this morning? 8. I told you to empty the garbage last night. 9. Did you finish work? 10. First of all, let's finish work. 11. I'm trying to finish work now. 12. I want to get a new job. 13. Why don't you get a new job? 14. Actually, I couldn't get a new job. 15. Did you obtain approval today? 16. I have to obtain approval while on duty. 17. Will you pay with a credit card? 18. Would you like to pay with a credit card? 19. I told you to print a document. 20. I was just about to print a document now. 21. He sold his shares. 22. It's not easy to sell my shares these days. 23. If I were you, I would sell my shares. 24. We sent goods this morning. 25. Don't forget to send goods today. 26. I was just about to send goods now.

249

다음 우리말을 영어로 말해 보세요.

MP3 듣기

Korean	English
1. 서류 정리하는 거 잊지 마.	Hint Don't forget to ~
2. 이제 서류 정리하려고.	
3. 난 정각에 도착할 수 없었어.	
4. 내가 너라면 정각에 도착했을 거야.	Hint If I were you, I would ~
5. 가능하다면 정각에 도착해 주세요.	
6. 나 오늘 지갑 안 가져왔어.	
7. 너 지갑 가져오는 거 잊지 마.	
8. 내가 너 지갑 가져오라고 했잖아.	
9. 스케줄 확인해 주세요.	
10. 나 오늘 아침에 스케줄 확인했어.	
11. 지금 스케줄 확인하려고.	
12. 계약서 작성하는 거 잊지 마.	
13. 어제 계약서 작성했어?	
14. 일 끝나고 계약서 작성해야 해.	
15. 오늘 결과 찾는 거 잊지 마.	

16. 지금 결과를 찾으려던 참이었어.

17. 내가 오늘 아침에 결과 찾으라고 했잖아.

18. 실은 나 급여 올랐어.

19. 급여가 올랐으면 좋겠어.　　　　　　　　　　　Hint I want to ~

20. 우선 점심 먹으러 나가자.　　　　　　　　　　Hint First of all, ~

21. 지금 점심 먹으러 나갈 거야?

22. 넌 자리에 앉기만 하면 돼.　　　　　　　　　Hint All you have to do is ~

23. 내가 조금 전에 자리에 앉으라고 했잖아.

24. 그들은 답장 안 보낼 거야.

25. 답장을 보내려던 참이었어.

26. 답장을 보내는 게 어때?　　　　　　　　　　Hint Why don't you ~?

---

1. Don't forget to arrange documents.   2. I'm going to arrange documents now.   3. I couldn't arrive on time.   4. If I were you, I would arrive on time.   5. Please arrive on time if possible.   6. I didn't bring my wallet today.   7. Don't forget to bring your wallet.   8. I told you to bring your wallet. 9. Please check your schedule.   10. I checked my schedule this morning.   11. I'm going to check my schedule now.   12. Don't forget to draw up a contract.   13. Did you draw up a contract yesterday? 14. I have to draw up a contract after work.   15. Don't forget to find the result today.   16. I was just about to find the result now.   17. I told you to find the result this morning.   18. Actually, I got a raise.   19. I want to get a raise.   20. First of all, let's go out for lunch.   21. Will you go out for lunch now?   22. All you have to do is have a seat.   23. I told you to have a seat a little while ago.   24. They won't send a reply.   25. I was just about to send a reply.   26. Why don't you send a reply?

다음 우리말을 영어로 말해 보세요.

MP3 듣기

Korean	English
1. 보험에 가입해 주시겠어요?	Hint Could you ~?
2. 보험에 가입하려던 참이었어.	
3. 보험에 가입하지 그래?	Hint Why don't you ~?
4. 우리 파업하자.	
5. 그들은 파업했어.	
6. 견적을 받지 그래?	
7. 우선 견적을 받자.	
8. 여기서 견적 받을 거야.	
9. 연구하는 건 쉽지 않아.	Hint It's not easy to ~
10. 업무상 연구를 해야 해.	
11. 나 요즘 주식 해.	
12. 내가 더 이상 주식 하지 말라고 했잖아.	Hint I told you not to ~
13. 지금부터 주식 안 할 거야.	
14. 난 내일부터 시작할 거야.	
15. 가능하다면 내일부터 시작하자.	

16. 점장에게 항의할 거야.

17. 네가 원한다면 점장에게 항의할 수 있어.

18. 솔직히 점장에게 항의하고 싶어.   (Hint) Honestly, ~

19. 다른 관점에서 생각하자.

20. 다른 관점에서 생각하는 건 중요해.

21. 계속 다른 관점에서 생각하는 건 쉽지 않아.

22. 안에서 기다리지 그래?

23. 난 안에서 기다리려고.

24. 넌 안에서 기다리기만 하면 돼.

25. 밤새 일하려고?

26. 내가 어제 밤새 일하지 말라고 했잖아.

1. Could you buy insurance?   2. I was just about to buy insurance.   3. Why don't you buy insurance?
4. Let's go on strike.   5. They went on strike.   6. Why don't you get an estimate?   7. First of all, let's get an estimate.   8. I will get an estimate here.   9. It's not easy to make a study.   10. I have to make a study on business.   11. I play the market these days.   12. I told you not to play the market anymore.
13. I won't play the market from now on.   14. I will start tomorrow.   15. Let's start tomorrow if possible.   16. I will talk to the manager.   17. I can talk to the manager if you want.   18. Honestly, I want to talk to the manager.   19. Let's think outside the box.   20. It's important to think outside the box.   21. It's not easy to think outside the box over and over.   22. Why don't you wait inside?
23. I'm going to wait inside.   24. All you have to do is wait inside.   25. Are you going to work all night?   26. I told you not to work all night yesterday.

DAY 17

다음 우리말을 영어로 말해 보세요.

MP3 듣기

Korean	English
1. 세미나에 참석하는 건 중요해.	Hint It's important to ~
2. 어제 세미나에 참석했어?	
3. 일 끝나고 세미나에 참석해야 해.	
4. 우린 경쟁을 즐기죠.	
5. 경쟁을 즐기는 건 중요해.	
6. 넌 계속해서 경쟁을 즐기기만 하면 돼.	Hint All you have to do is ~
7. 그 여자한테 설명해 주세요.	
8. 넌 그 남자한테 설명만 하면 돼.	
9. 당신이 저한테 설명해 주면 좋겠어요.	
10. 그 여자 대박 났어.	
11. 당신이 대박 나면 좋겠어요.	
12. 요즘 대박 나는 건 힘들어.	Hint It's hard to ~
13. 우린 노조에 가입 안 했어.	
14. 넌 노조에 가입만 하면 돼.	
15. 내가 어젯밤에 노조에 가입하라고 했잖아.	

254

16. 다른 사람들에게 배우는 건 중요해.

17. 내가 너라면 다른 사람들에게 배웠을 거야.　　　Hint If I were you, I would ~

18. 메시지 남겼어?

19. 메시지를 남겨 주세요.

20. 이메일 보냈어?

21. 이메일 보내려던 참이었어.

22. 기회를 기다리세요.

23. 넌 기회를 기다리기만 하면 돼.

24. 기회를 기다리는 건 중요해.

25. 오늘 보고서 써야 해.

26. 내가 보고서 쓰라고 했잖아.

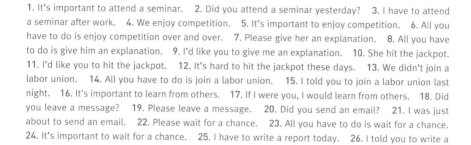

DAY 18

다음 우리말을 영어로 말해 보세요.

MP3 듣기

Korean	English

1. 화장실 청소하려던 참이었어.   **Hint** I was just about to ~

2. 내가 아까 화장실 청소하라고 말했잖아.

3. 리스트를 작성해 주세요.

4. 넌 리스트만 작성하면 돼.

5. 내일 리스트 작성하는 거 잊지 마.   **Hint** Don't forget to ~

6. 복사기 고치는 건 힘들어.

7. 내일 복사기 고치는 거 잊지 마.

8. 지금 복사기 고치려고 노력 중이야.   **Hint** I'm trying to ~

9. 실업 급여 받지 그래?

10. 나 실업 급여 받으려고.

11. 실은 실업 급여 받고 싶어.

12. 경험에서 배우세요.

13. 경험에서 배우는 건 중요해.

14. 파일 정리했어?

15. 점심 먹고 파일 정리하자.

16. 근무 중에 파일 정리하려고.　　　　　　　　　　(Hint) I'm going to ~

17. 한계를 초월하고 싶어.

18. 한계를 초월하는 건 쉽지 않아.

19. 그는 곤경을 면했어.

20. 곤경을 면하는 건 쉽지 않아.

21. 곤경을 면하려고 노력 중이야.

22. 오늘 바닥 쓸었어?

23. 내가 매일 바닥 쓸라고 했잖아.

24. 우선 바닥을 쓸어야 해.　　　　　　　　　　　(Hint) First of all, ~

25. 난 그때 업무 인계 안 받았어.

26. 솔직히 업무 인계 받는 건 쉽지 않아.

1. I was just about to clean toilets.　2. I told you to clean toilets a little while ago.　3. Please draw up a list.　4. All you have to do is draw up a list.　5. Don't forget to draw up a list tomorrow.　6. It's hard to fix the copier.　7. Don't forget to fix the copier tomorrow.　8. I'm trying to fix the copier now.　9. Why don't you get unemployment benefits?　10. I'm going to get unemployment benefits.　11. Actually, I want to get unemployment benefits.　12. Please learn from experience.　13. It's important to learn from experience.　14. Did you organize files?　15. Let's organize files after lunch.　16. I'm going to organize files while on duty.　17. I want to push the envelope.　18. It's not easy to push the envelope.　19. He saved the day.　20. It's not easy to save the day.　21. I'm trying to save the day. 22. Did you sweep the floor today?　23. I told you to sweep the floor every day.　24. First of all, I have to sweep the floor.　25. I didn't take over the job at that time.　26. Honestly, it's not easy to take over the job.

257

DAY 19

다음 우리말을 영어로 말해 보세요.

MP3 듣기

Korean	English
1. 담배를 줄이는 건 중요해.	**Hint** It's important to ~
2. 당신이 담배를 줄이면 좋겠어요.	
3. 지금부터 담배를 줄이려고.	
4. 차 드시겠어요?	
5. 직장 동료들과 차를 마시려던 참이었어.	**Hint** I was just about to ~
6. 오늘은 옷을 차려입으세요.	
7. 당신이 옷을 차려입으면 좋겠어요.	
8. 오늘 그녀는 옷을 차려입었어.	
9. 매일 옷을 차려입는 건 쉽지 않아.	**Hint** It's not easy to ~
10. 오늘은 조퇴하고 싶어.	
11. 내가 조퇴하지 말라고 했잖아.	
12. 난 이제부터 조퇴 안 할 거야.	**Hint** from now on
13. 재산을 팔지 그래?	
14. 재산을 팔고 싶지 않아요.	**Hint** I wouldn't like to ~
15. 공문 보내는 거 잊지 마.	**Hint** Don't forget to ~

258

16. 그저께 공문 보냈어?

17. 당신 실력을 보여 주세요.

18. 지금부터 내 실력을 보여 줄게.

19. 넌 실력을 보여 주기만 하면 돼.

20. 월차 휴가를 내지 그래?

21. 그녀는 어제 월차 휴가를 냈어.

22. 나 내일 월차 휴가 내려고.

23. 커피 마시면서 얘기하는 게 어때?

24. 일 끝나고 커피 마시면서 얘기하자.

25. 한동안 난 파트타임으로 일했어.

26. 내가 너라면 파트타임으로 일했을 거야.

정답

1. It's important to cut down on smoking.   2. I'd like you to cut down on smoking.   3. I'm going to cut down on smoking from now on.   4. Would you like to drink tea?   5. I was just about to drink tea with coworkers.   6. Please get dressed up today.   7. I'd like you to get dressed up.   8. She got dressed up today.   9. It's not easy to get dressed up every day.   10. I want to leave early today.   11. I told you not to leave early.   12. I won't leave early from now on.   13. Why don't you sell property?   14. I wouldn't like to sell property.   15. Don't forget to send an official.   16. Did you send an official the day before yesterday?   17. Please show your skills.   18. I will show my skills from now on.   19. All you have to do is show your skills.   20. Why don't you take a monthly holiday?   21. She took a monthly holiday yesterday.   22. I'm going to take a monthly holiday tomorrow.   23. Why don't you talk over coffee?   24. Let's talk over coffee after work.   25. I worked part time for a while.   26. If I were you, I would work part time.

DAY 20

다음 우리말을 영어로 말해 보세요.

MP3 듣기

Korean	English
1. 오늘 아침에 이메일 확인했어?	
2. 지금 이메일 확인하려던 참이었어.	
3. 너 어제 과음했어?	
4. 내가 어젯밤에 과음하지 말라고 했잖아.	
5. 이제부터 과음 안 하려고.	
6. 솔직히 보너스 받고 싶어.	**Hint** Honestly, ~
7. 요즘 보너스 받는 건 쉽지 않아.	
8. 나 오늘 보너스 받았어.	
9. 걔네들 파산했어.	
10. 내가 파산하지 말라고 했잖아.	
11. 우린 타협 안 할 거야.	
12. 내가 타협하지 말라고 했잖아.	
13. 내가 너라면 타협했을 거야.	
14. 그녀는 오늘 결근했어.	
15. 내가 결근하지 말라고 했잖아.	

16. 나 더 이상 결근 안 하려고.

17. 오늘 제안서 보냈어?

18. 제안서 보내는 거 잊지 마.

19. 내가 제안서 보내라고 했잖아.

20. 잠깐 휴가를 보내고 싶어.　　　　　　　　　　　Hint for a while

21. 새로운 사업을 시작하자.

22. 나 새로 사업 시작하려고.

23. 난 새로운 사업 시작 안 할 거야.

24. 보고서 제출했어?

25. 지금 보고서를 제출해 주세요.

26. 보고서를 제출하려던 참이었어.

정답

1. Did you check the email this morning?　2. I was just about to check the email now.　3. Did you drink too much yesterday?　4. I told you not to drink too much last night.　5. I'm not going to drink too much from now on.　6. Honestly, I want to get a bonus.　7. It's not easy to get a bonus these days.　8. I got a bonus today.　9. They went bankrupt.　10. I told you not to go bankrupt.　11. We won't meet halfway.　12. I told you not to meet halfway.　13. If I were you, I would meet halfway.　14. She missed work today.　15. I told you not to miss work.　16. I'm not going to miss work anymore.　17. Did you send the proposal today?　18. Don't forget to send the proposal.　19. I told you to send the proposal.　20. I want to spend a vacation for a while.　21. Let's start a new business.　22. I'm going to start a new business.　23. I won't start a new business.　24. Did you submit your report?　25. Please submit your report now.　26. I was just about to submit my report.

Mon	Tue	Wed
DAY 01 19~28쪽	DAY 02 29~38쪽	DAY 03 39~48쪽
DATE /	DATE /	DATE /
DAY 06 69~78쪽	DAY 07 79~88쪽	DAY 08 89~98쪽
DATE /	DATE /	DATE /
DAY 11 119~128쪽	DAY 12 129~138쪽	DAY 13 139~148쪽
DATE /	DATE /	DATE /
DAY 16 169~178쪽	DAY 17 179~188쪽	DAY 18 189~198쪽
DATE /	DATE /	DATE /

Thu	Fri	주말 복습
DAY 04 49~58쪽 DATE /	DAY 05 59~68쪽 DATE /	**PART 2** DAY 01~05 222~231쪽 부가자료 딕테이션 테스트 표현 퀴즈
DAY 09 99~108쪽 DATE /	DAY 10 109~118쪽 DATE /	**PART 2** DAY 06~10 232~241쪽 부가자료 딕테이션 테스트 표현 퀴즈
DAY 14 149~158쪽 DATE /	DAY 15 159~168쪽 DATE /	**PART 2** DAY 11~15 242~251쪽 부가자료 딕테이션 테스트 표현 퀴즈
DAY 19 199~208쪽 DATE /	DAY 20 209~218쪽 DATE /	**PART 2** DAY 16~20 252~261쪽 부가자료 딕테이션 테스트 표현 퀴즈